“1+X”职业技能等级认证培训教材

邮轮内装工艺(高级)

中船舰客教育科技(北京)有限公司组织编写

哈爾濱工程大學出版社
Harbin Engineering University Press

内容简介

本书在“1+X”职业技能等级认证标准的基础上，结合邮轮内装设计相关标准与规范、邮轮内装工艺实训、施工组织与管理等内容，较为全面地介绍了邮轮美学设计、邮轮内装建造工艺、项目检验与管理等内容。本书既可作为高等院校邮轮内装技术或船舶工程类相关专业教材，又可作为船厂技术培训教材，还可供相关技术人员参考使用。

图书在版编目(CIP)数据

邮轮内装工艺：高级/中船舰客教育科技(北京)有限公司组织编写. —哈尔滨：哈尔滨工程大学出版社，2023. 10

“1+X”职业技能等级认证培训教材

ISBN 978-7-5661-3377-9

Ⅰ. ①邮… Ⅱ. ①中… Ⅲ. ①旅游船-装饰设计-职业技能-鉴定-教材 Ⅳ. ①U674. 11

中国国家版本馆 CIP 数据核字(2023)第 190247 号

邮轮内装工艺(高级)
YOULUN NEIZHUANG GONGYI (GAOJI)

选题策划 史大伟 雷 霞
责任编辑 李 暖
封面设计 李海波

出版发行 哈尔滨工程大学出版社
社 址 哈尔滨市南岗区南通大街 145 号
邮政编码 150001
发行电话 0451-82519328
传 真 0451-82519699
经 销 新华书店
印 刷 哈尔滨午阳印刷有限公司
开 本 787 mm×1 092 mm 1/16
印 张 7. 25
字 数 188 千字
版 次 2023 年 10 月第 1 版
印 次 2023 年 10 月第 1 次印刷
书 号 ISBN 978-7-5661-3377-9
定 价 32. 00 元

http://www. hrbeupress. com
E-mail:heupress@ hrbeu. edu. cn

邮轮内装工艺(高级)

教材编写委员会名单

编写委员会主任 陈　刚

编写委员会副主任 鲁慧娟　吴幼奇　张　洋　王丽莉

编　写　委　员 孙　忠　宋　岚　王　楠　沈　琦　万春慧　吴春芳　刘海莉　刘雨婕　庞加茂　姚洪文　段　青　孙　志　余秀丽

审　核　人　员 邓　波

组织编写单位 中船舰客教育科技(北京)有限公司

联合院校:(排名不分先后)

江苏海事职业技术学院
武汉船舶职业技术学院
益阳职业技术学院
天津海运职业学院
枣庄科技职业技术学院
威海海洋职业学院
威海职业学院

联合企业:(排名不分先后)

上海外高桥造船有限公司
中船舰客教育科技(北京)有限公司
沪东中华造船(集团)有限公司

前　言

在大型邮轮设计和建造的过程中，除了要考量船体的设计外，还要考量邮轮内装设计，因为邮轮内装设计也极其重要。大型邮轮的高附加值主要体现在内装部分，其决定了游客在邮轮上体验的满意度，超豪华邮轮的内装成本可占到船体总价的60%以上。基于此，欧洲主要邮轮建造商都已建立了自己的内装配套服务体系。可以说，在内装配套领域拥有大量自主知识产权和品牌产品，既是打造邮轮产业全产业链的必然要求，也是大型邮轮国产化的重要标志。因此，越来越多的船舶企业瞄准了邮轮内装配套这一全新的市场，相继启动了邮轮内装配套业务计划，力争跟上邮轮产业的发展步伐。

邮轮内装是一个相当复杂、庞大的系统工程，欧美豪华邮轮的内装工程通常集中了该领域实力最强的设计、施工、材料及设备生产企业，在船厂主导下共同参与完成，集成化、模块化的生产方式已相当成熟。显然，目前我国存在的“各自为战”“单打独斗”的局面，并不能完全满足邮轮国产化发展需求。加强材料、设备厂商与船舶设计研究机构、高校设计研发团队以及内装设计、施工企业之间的研发合作，大胆探索、积极试水、优势互补、资源共享，才能尽快在邮轮本土内装上取得零的突破。

《邮轮内装工艺(高级)》为新型活页式教材，内容结合“邮轮内装工艺”职业技能等级考核标准，融合美学设计与邮轮内装技术，引入实船资料作为教学案例。本书内容在对邮轮内装设计美学解析的基础上，结合邮轮内装设计相关标准与规范、邮轮内装工艺实训、施工组织与管理等内容，较为全面地介绍了邮轮美学设计、邮轮内装建造工艺、项目检验与管埋等内容。

本书由中船舰客教育科技(北京)有限公司牵头，与哈尔滨工程大学出版社深度合作，联合7所高职院校、3家船舶企业以及其他相关单位进行教材的内容编写和审校。项目1由益阳职业学院编写，项目2和项目3由武汉船舶职业技术学院编写，项目4由枣庄科技职业技术学院编写，项目5由天津海运职业学院编写，项目6由江苏海事职业技术学院编写。本书由江苏海事职业技术学院统稿。

本书在编写过程中参考并引用了国内外一些专家学者的论著，在此表示感谢。由于编者水平有限，书中的不足和不妥之处在所难免，敬请读者批评指正。

编　者

2023年7月

目　　录

项目1　邮轮美学设计

任务1.1　邮轮美学理论基础认识

1.1.1　技术美学

技术美学是研究物质生产和器物文化中有关美学问题的应用美学学科，也是随着21世纪现代科学技术进步而产生的新的美学分支学科。技术美学与文艺美学和审美教育并列，构成了美学的三大应用学科。

技术美学是美学理论在物质文化领域的具体化，同时又是设计观念在美学上的哲学概括。在产品开发中，技术美学的作用就是把工业产品设计得既美观又实用。

技术美学作为一门独立的现代美学应用学科，诞生于20世纪30年代。它最初始应用于工业生产中，因而又称为工业美学、生产美学或劳动美学；后来，又应用于建筑、运输、商业、农业、外贸和服务等行业。20世纪50年代，捷克斯洛伐克设计师佩特尔·图奇内建议使用"技术美学"这一名称，从此，这一名称被广泛应用，并被国际组织所承认。1957年，在瑞士成立了国际组织——国际技术美学协会。技术美学在中国也具有约定俗成的内容，其中包含了工业美学、劳动美学、商品美学、建筑美学、设计美学等内容。

技术美学是现代生产方式和商品经济高度发展的产物，是社会科学和技术科学相互渗透、相互融合的产物，是艺术与技术的结合。技术美学是美学原理在物质生产和生活领域的具体化，同时又是设计观念在美学上的哲学概括。技术美学表现出高度的综合性，它不仅涉及哲学、社会学、心理学、艺术学问题，还涉及文化学、符号学以及各种技术科学知识。

技术美学的内容大致可以概括为以下两个方面。

一是生产中的美学问题，即生产美学、劳动美学等问题。它研究审美观念、审美理想等主观因素如何积极地作用于劳动者，以提高劳动质量和效率；也研究如何运用美学原则来改善生产环境、生产条件等客观因素，以使劳动者产生审美情感，提高劳动热情和效率。

二是研究劳动生产中与美学问题密切相关的艺术设计，即"迪扎因"(desigr)问题。"迪扎因"是国际上广泛流行的技术美学的重要术语。它是指在现代科学技术最新成果的基础上，全面考虑劳动生产的经济、实用、美观和工艺需要而进行的设计。这种设计不仅涉及现代科学技术的最新成果，还涉及整个社会生活的美化。

对技术美学的研究不仅可以促进产品的审美创造，提高产品、服装、建筑和环境设计等美学水准，还有助于对主体——人的审美塑造。对美的产品的需要可以形成人行为的内在动机，成为人们从事审美创造的动力。客观世界的审美创造也是人的审美教育的前提和物质基础。因此，技术美学的研究有助于精神文明和物质文明建设的发展，促进人的审美理想向新的境界不断升华。

1.1.2 色彩美学

色彩是形式美造型的基本要素之一。色彩是一种情感语言,它表达出来的是一种人类内在生命中某些极为复杂的感受。在最能体现人敏感、多情的特性并与人的生活息息相关的室内设计中,色彩几乎可被视为其“灵魂”,它不仅可以最大限度地改变外形与空间的视觉效果,影响我们的心情,甚至影响我们的办事效率。

用色彩来装饰建筑物的外观和内部是 21 世纪初开始形成的一个流派。在邮轮建筑设计中,色彩的运用也是不容忽视的一个重要问题。船体的外板、舱室内部的布置都有色彩。由于色彩与色彩间存在一个统一、和谐的问题,所以构成船体各部件的材料选色必须十分谨慎。经验表明,有时一个平庸的设计可以通过色彩的选配突出效果而得到改进,粗枝大叶、不动脑筋的色彩处理则会损害本来经过充分推敲的邮轮建筑的整体形象。

1. 识别物体色彩的三要素

俗话说“伸手不见五指”,物体呈现的颜色是光线照射的结果,光产生了色彩,展现在我们面前五彩缤纷的世界,实际上都是光的杰作。而色彩是通过眼睛和大脑对光线的反应才感知的,自然界中一切物体的色彩都是由于它吸收了太阳光中某些色光而将其余色光反射到观者眼中形成的,所以一般采用日光光谱作为辨别色彩的基准。光线、物体和眼睛是识别物体色彩必不可少的三个元素。光线从光源出发到达物体,然后眼睛感受到部分反射光和入射光。从这一时刻起,色彩就形成了。

2. 色彩基础

在光谱中,色彩由六个标准色组成,即红、橙、黄、绿、蓝、紫。人们在研究配色方案时,往往通过某种体系去表现色彩的三个特性——色相、明度、彩度。把这三个要素做成立体坐标,就构成了色立体,如图 1-1 所示。目前,应用最广泛的是孟塞尔色立体。以色彩三要素为坐标,在水平方向,从红到紫的光谱中,等间距地选择五个色,即红(R)、黄(Y)、绿(G)、蓝(B)、紫(P),相邻的两个色相互混合又得到橙(YR)、黄绿(GY)、蓝绿(BG)、蓝紫(PB)、紫红(RP),从而构成一个首尾相交的环,即色相环。在垂直方向,从黑到白中间增加九个均匀过渡的灰度阶段,称为明度轴。从内至外,在同等明度的条件下,颜色从灰色到纯色的变化称为纯度。任何一种颜色都可以通过改变其中的元素来进行变化。因此,色相、明度和彩度(纯度)也称为色彩构成的三要素。

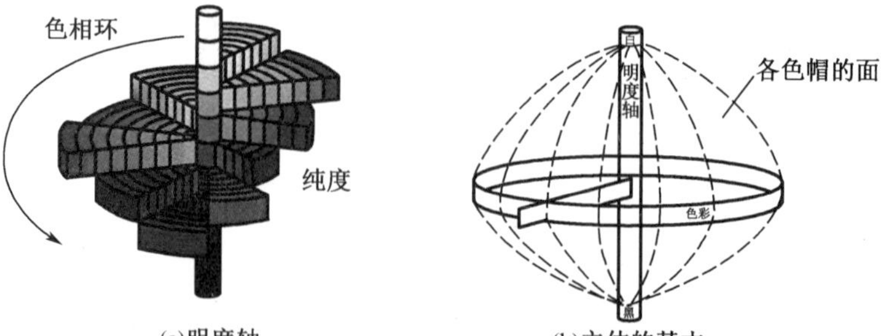

(a)明度轴　　(b)立体的基本

图 1-1　色立体结构图

色相是指色彩的相貌,或是区别色彩的名称,如红、黄、蓝。

明度是指色彩的明暗深浅程度。色彩明度与光线反射率有关。在无色彩中,明度最高的是白色,明度最低的是黑色。

彩度是指色彩饱和程度或色彩的纯度,在任一色相中,纯色彩度最高,其中黑、白、灰无彩度。

3. 色彩调配

从色彩调配的角度,可把色彩分为原色、间色、复色和补色。

(1)原色

物体的颜色是多种多样的,除极少数颜色以外,大多数颜色都能用三种颜色调配出来。但是这三种颜色却不能用其他颜色来调配,因此,人们就把这三种颜色称为三原色或第一次色。三原色又分为色光三原色(大红、中绿、群青)、颜料三原色(黄、品红、青)、彩电三原色(红、绿、蓝)、印刷三原色(青、品红、黄)。

(2)间色

由两种原色调配而成的颜色称为间色或第二次色,共三种:橙=红+黄,绿=黄+青,紫=红+青。

(3)复色

由两种间色调配而成的颜色称为复色或第三次色,共三种:橙绿=橙+绿,橙紫=橙+紫,紫绿=紫+绿。

(4)补色

一种原色与另外两种原色调成的间色称补色或对比色,共三种:红与绿(黄+青),黄与紫(红+青),青与橙(红+黄)。

4. 色彩视感作用

色彩有强烈的视感作用。这种视感作用是人们创造室内环境氛围,协调和改变室内空间环境的有力杠杆。

产生色彩视感作用是人们在日常生活中对色彩进行联想而形成的物理效果。这种物理效果将改变人们对室内环境物体的大小、重力、温度等感觉。

(1)冷暖感

暖色(红、橙、黄)产生激动、奋发、温馨感,属于积极的"外向型",密度高、有重力感、有前进感。

冷色(绿、蓝绿、蓝)产生松弛、幽静感,属于消极的"内向型",密度低、质量轻、有后退感。

(2)软硬感

柔和色有暖色、灰色,以及明度高、彩度轻的色彩;坚硬色有冷色、黑色、白色,以及明度低、彩度重的色彩。

(3)积极与消极感

暖色(兴奋色)为积极色,以红、橙色为首;冷色(沉静色)为消极色,以蓝色为首。明度亮、彩度高富于积极性,反之富于消极性。

(4)轻重感

色彩的轻重感主要取决于明度。

明度高的色彩感觉轻,富有动感;明度低的色彩具有稳重感。明度相同时,纯度高的比纯度低的色彩感觉轻。

以色相分,由轻至重依次为白、黄、橙、红、灰、绿、蓝、紫、黑。设计人员利用色彩的轻重感处理画面的均衡,往往会收到良好的效果。

而高彩度和高明度的亮色,能够让人联想到花朵、棉絮、云彩,显得质量轻;低明度的暗色,能够让人联想到泥土、钢铁,显得十分沉重,这就是色彩的轻重感。如将墙的上部采用高明度亮色,下部采用低明度暗色,恰当地用于室内,将会取得平衡稳定的效果。

(5)远近感

在色相环中有一部分色彩明度高,让人感觉景物犹如近在眼前;另一部分色彩明度低,使人产生旷远的感觉。这两种颜色用于舱室内能分别产生醒目性的“前进”和抑制性的“后退”效果。因此,我们将它们分别称为前进色和后退色。

因此,在邮轮舱室色彩设计中,可以利用色彩的心理作用来分析,比如利用色彩的作用可以使房间看起来扩大或缩小,给人以“凸出”或“缩进”的印象。例如,冷色调可以造成空间扩大的强烈视觉冲击,因为墙壁似乎向后缩进了;暖色调则相反,给人以向前凸出的感觉。

如果房间层高太低,使人压抑,则可以涂刷明亮色或有“缩进”效果的色彩。如果从感觉上感到层高太高,想要缩小空间,则可将天棚处理成深色或有“凸出”效果的色彩。如果想改善长形房间的形状,可以在较长的两面墙上,涂刷有“缩进”效果的色彩,在较短的两面墙上涂刷有向前“凸出”效果的色彩。

(6)动静感

色彩的动静感也称“奋静感”,是人的情绪在视觉上的反映。红、橙、黄色给人以兴奋感;青、蓝色给人以沉静感;而绿和紫属中性,介乎两种感觉之间;白和黑及纯度高的颜色给人以紧张感;灰色及纯度低的颜色给人以舒适感。

值得注意的是,色彩的视感作用并不是真正改变环境中的物理量,而是改变人的心理。因此,在邮轮的内装设计中,我们可以通过色彩的这些视感作用,经过不同的组合,改变邮轮建筑空间、构件的形态和尺度感,从而强化空间、空间各部件的主次、隐显、敞闭、轻重等视感以及改善空间由功能要求而决定的某些不良的形态和尺度。整体空间上采用明度高的暖色,使得原有空间在布局不变的情况下,视野更加开阔,如图 1-2 所示。

图 1-2　邮轮舱室空间图

由于年龄、性别、经历、修养、性格、情绪，以及民族传统、宗教信仰、地域风俗、环境的不同，人们对色彩的心理反应也不尽相同，因此也不能把色彩的心理反应绝对化。

5. 邮轮内装色彩功能

造型与色彩是构成邮轮建筑艺术的两大要素，二者相互依存。造型即空间形式塑造，它构成了邮轮躯体、舱室界面。色彩则是外衣，装饰于造型表面。就现代化邮轮设计而言，所有造型设计要素由本质性的机能决定，造型由烦琐趋向简化，随之而来的是色彩由简单趋向丰富。许多设计者把色彩称为"最经济的奢侈品"，即通过最佳色彩计划就可以用普通材料创造出装饰豪华的室内环境气氛。

(1)表现性格

对于不同舱室，可应用色彩表现塑造其性格，尤其是公共活动舱室，多应用积极色彩塑造性格活动环境。当然，色彩的象征并无理论上的绝对性或者必要性，除了必须注意观念、情感和想象力等概念因素，以及性别、年龄、职业和教育等实际因素外，还必须注意时代、地域、民族的差异等综合条件，才能在环境、性格的表现上获得积极的效果。

(2)调节气氛

色彩对于调节气氛、情绪具有直接而强烈的影响。原则上，动态环境(公共娱乐场所)选择积极色彩；静态环境(居住舱室)选择消极色彩。其中积极色彩表现以暖色、高明度和高色彩度为主。暖色具有兴奋作用，冷色具有镇定作用。从色彩搭配上，单纯统一色彩适用于静态私密空间，表现为温柔、抒情；鲜明对比色彩适用于动态群体空间，表现为强烈、主动。

(3)调节光照

邮轮舱室窗口朝向有内外之分，舱室光线强弱不同对光线的反射率不同，所以可以通过色彩明度调节光照效果。通过色彩调节光照，按反射率从大到小的顺序是黄、黄绿、黄红、红、绿、紫、红紫、蓝、蓝绿。

通过彩度调节光照，原则上是彩度越高，反射率越大，但必须与明度相配合，才能决定反射性能。由于彩度的刺激性强，居室多采用4以下彩度。

对于自然采光系统，由于各舱室光线射入量和射入方向不同，调节光线的主要原则是调节色彩的反射率，以调节光线对于视觉和心理的刺激。一般来说，窗口内向型舱室，趋向沉闷与阴暗，采用暖色可以使光线转为明快；相反，窗口外向型舱室宜采用明调中性色或冷色。

(4)调整空间

由于色彩本身性质所引起的错觉作用，对于室内空间，具有调整面积或体积的作用。舱室空间狭小，调整时采用后退性色彩，家具设备宜用收缩性色彩或单纯统一色彩；同时色彩又具有质量感觉的特性，所以天花板应采用较轻的上浮色，地板应采用较重的下沉色，还必须使天花板与地板色彩单纯，不应变化太大。

(5)调节温度感觉

色彩具有调节温度感觉的效能，因而必须使舱室色彩适应不同的地域性和气候的特点。原则上，寒冷地区邮轮舱室色彩以暖色调为主，明度宜略低，彩度应偏高；温暖地区邮轮舱室色彩应以冷色调为主，明度宜较高，彩度应偏低。也可将背景色处理成中性色调，变换不同色调以适应季节性转变的需要。

邮轮舱室内部是色彩十分集中的地方，因而舱内色彩的协调将成为室内环境设计的重要组成部分。这种协调涉及各种复杂的制约因素与制约关系。

1.1.3 人体工程学

一切机械产品,包括邮轮设计、制造、使用,归根结底离不开人。按照国际工效学会联合会所下的定义:人体工程学是一门研究人在某种工作环境中的解剖学、生理学和心理学等方面的各种因素;研究人和机器及环境的相互作用;研究在工作中、家庭生活中和休假时怎样统一考虑工作效率、人的健康、安全和舒适等问题的科学。日本千叶大学小原教授认为,人体工程学是探知人体的工作能力及其极限,从而使人们所从事的工作趋向适应人体解剖学、生理学、心理学的各种特征。因此,研究人与产品及其工作环境之间的协调性,即如何在工作过程中,保证操作简便、精确、灵敏及安全可靠,保证人与机械之间的协调性。以最小的代价换取最高的效益,这便是人体工程学。它包括工程技术、心理学、人类学及艺术等多学科内容。随着人类进入自动化、电子化时代,人机关系问题愈来愈引起设计师们的重视。

1. 人体工程学的基础数据和计测手段

(1)人体基础数据

人体基础数据主要包括三个方面,即有关人体构造、人体尺度以及人体动作域等的数据。

①人体构造

与人体工程学关系最紧密的是运动系统中的骨骼、关节和肌肉,这三部分在神经系统的支配下,使人体各部分完成一系列的运动。骨骼由颅骨、躯干骨、四肢骨三部分组成。脊柱可完成多种运动,是人体的支柱。关节起到骨间连接及活动的作用。肌肉中的骨骼肌受神经系统指挥收缩或舒张,使人体各部分协调运动。

②人体尺度

人体尺度是人体工程学研究最基本的数据之一。

③人体动作域

人们在室内工作和生活活动范围的大小即动作域,它是确定室内空间尺度的重要因素之一。以各种计测方法测定的人体动作域,也是人体工程学研究的基础数据。如果说人体尺度是静态的、相对固定的数据,人体动作域的尺度则为动态的,其动态尺度与活动情景状态有关。在进行邮轮舱室设计时,选用人体尺度具体数据尺寸应考虑在不同空间与围护的状态下,适合大多数人动作和活动的适宜尺寸,并强调以安全为前提。例如:门洞高度、楼梯通行净高、栏杆扶手高度等,应取男性人体高度的上限,并适当加入人体动态时的余量进行设计;对踏步高度、上搁板或挂钩高度等,应按女性人体的平均高度进行设计。

(2)计测手段

①人体生理计测

根据人体在进行各种活动时生理状态变化的情况,通过计测手段,予以客观的、科学的测定,以分析人体在活动时的能量和负荷大小。

人体生理计测方法主要有三种:肌电图方法、能量代谢率方法、精神反射电流方法。

②人体心理计测

心理计测采用的方法有精神物理学测量法和尺度法等。

2. 人体工程学在邮轮舱室内装设计中的应用

目前,人体工程学在邮轮舱室内装设计中的应用主要有如下几个方面:

(1)确定人和人际交往在室内活动所需空间的主要依据

根据人体工程学中的有关计测数据,从人体的尺度、动作域、心理空间以及人际交往的空间等方面,确定空间范围。

(2)确定家具、设施的形体、尺度及其使用范围的主要依据

家具、设施为人所使用,因此,它们的形体、尺度必须以人体尺度为主要依据;同时,人们为了使用这些家具和设施,其周围必须留有活动和使用的最小余地;室内空间越小,或停留时间越长,对这方面内容测试的要求也就越高。这些要求都由人体工程科学地予以解决。

(3)提供适应人体的室内物理环境的最佳参数

室内物理环境主要有室内热环境、声环境、光环境、重力环境、辐射环境等。有了满足上述要求的参数后,在进行室内设计时才有可能做出正确的决策。

(4)对视觉要素的计测为室内视觉环境设计提供科学依据

人眼的视力、视野、光觉、色觉是视觉的要素,人体工程学通过计测得到的数据,为室内光照设计、室内色彩设计、视觉最佳区域等提供了科学的依据。

3. 人体动作与舱室空间设计

人体工程学主要研究人体在什么姿势下可确保空间尺度与人体功能尽可能协调。其主要内容包括以下几个方面:

(1)测量人体基础数据

邮轮各部件的布置要达到适于人使用的目的,首先应分析它们如何适于人体的形状和体力。这里包括了人体的身高、体宽、各部分肢体的长度(图1-3),动作所能及的范围和用力的大小,等等。一切操纵器都应设计在人肢体活动所能达到的范围之内;操纵器和机具的高低、长短位置应与人体各相应部位的高低、长短相适应;操纵器的用力范围应当处在人体肢体用力适度范围内,尤其不应超出人体最大用力限度;操纵器还应尽可能地设在人操作最方便、反应最灵活的空间范围内。为此,必须为设计和布置操纵器、机具的工作人员提供与之有关的人体基础数据。

倘若邮轮各部件的位置(尤其在舱室内)不能很好地考虑人体的这些参数,很可能带来工效降低、操作困难、生活不适等妨碍船舶功能实施的现象,同时在心理上也会产生厌烦的情绪。

人体基本尺度是人体工程学研究的最基础的数据之一。人体工程学以人体构造的基本尺寸(又称为人体结构尺寸,主要是指人体的静态尺寸,如身高、坐高、肩宽、臂宽、手臂长度等)为依据,通过研究人体对环境中各种物理、化学因素的反应和适应力,分析环境因素在生理、心理及工作效率方面的影响程度,确定人在生产、生活所处的各种环境中的舒适范围和安全限度,进行系统数据的比较与分析。人体基本尺度也因国家、地域、民族、生活习惯等不同而存在较大的差异。如日本男性的身高平均值为1 651 mm,美国男性身高平均值为1 755 mm,英国男性身高平均值为1 780 mm。

(2)居住区净高设计基准

居住处所高度以举手不碰天花板作为最佳净高基准;由于人的身高、手臂长短差异较大,要使大部分人不碰天花板比较困难,因此,最佳值只能取平均高度。日本曾针对舱室净高做了调查,统计结果显示,平均垂直手握高度为2 040 mm,所以居住舱室最佳净高是:东方人为2 040+25(鞋底高)= 2 065 mm;西方人为2 145+25(鞋底高)= 2 170 mm。综合考

虑,东方人最佳尺寸为 2 100 mm。

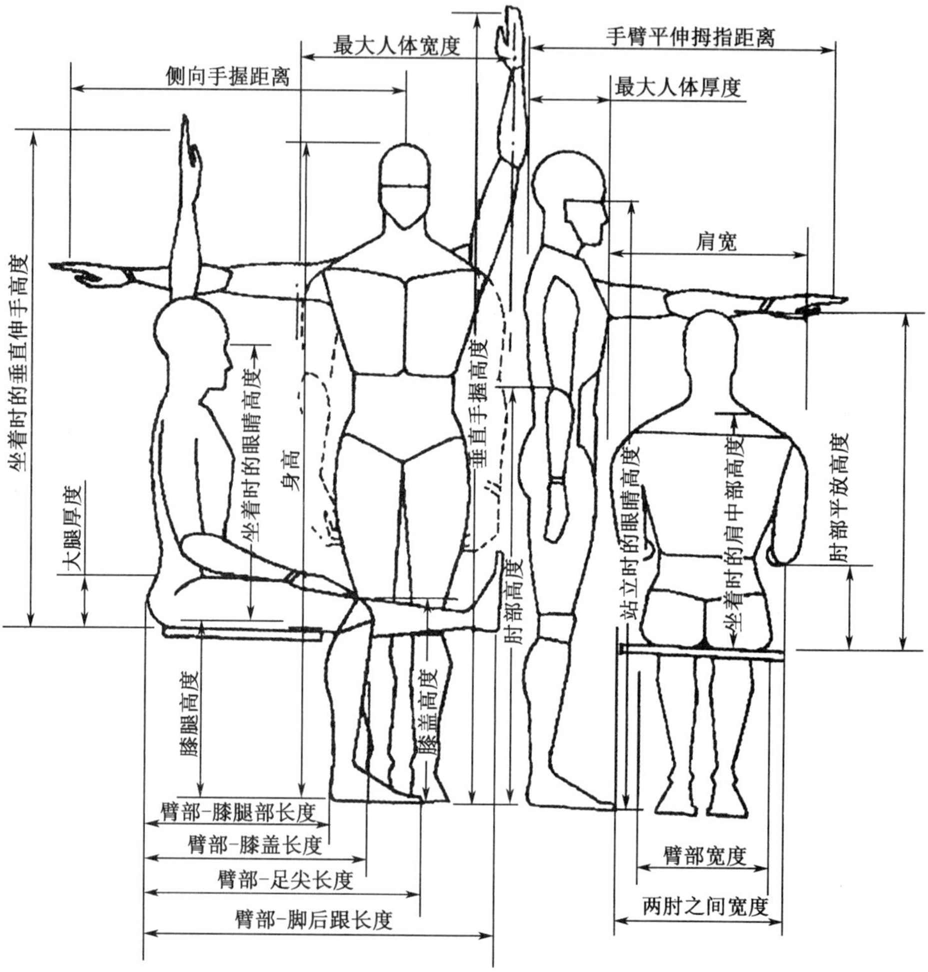

图 1-3　室内设计常用的人体测量尺寸

调查结果还显示,取平均身高 1 656 mm,标准偏差 58.6 mm,“低得可忍受”的高度为 1 950 mm,东方人接受最小净高为 1 960 mm,西方人接受最小净高为 2 070 mm。另外,从 1 950 mm 中扣除被测者平均身高及标准偏差 58.6 mm 的 3 倍和鞋跟高,即 1 950−(1 656+3×58.6+25)≈90 mm,用此值作为心理裕量来考虑,也适合西方人。为避免居住者产生不安全的心理,要求在居住处所的天花板上安装的下垂物(灯、电扇等)下垂高度限制在净高为心理裕量能承受的 90 mm 内。

(3)居住区通道宽度基准

居住区通道宽度以着厚衣物者肩宽为单位,身体的厚度为半个单位,并假定通道壁上设有风暴扶手、门把手等凸出物,据此考虑通道宽度。通道宽度一般为 1~2.5 个单位,然后加入裕度。因考虑邮轮横摇与纵摇可能带来的危险,不采用 3 个单位以上作为通道宽度。

(4)梯道尺寸与斜度基准

倾角 20°~50°为直梯,50°~90°为楼梯。邮轮梯道台阶高 h、宽 b 的值取决于正常步距

c，$c=2h+b$，且在 $c=570\sim630$ mm 时为最佳值。当 $2h+b=600$ mm 时，设计的船梯最为方便。

4. 人体尺度与家具设计

(1)确定家具最佳尺度

人体工程学测量了人体基本尺寸、人体各部分质量比、头部支点、人体重心、体压分布、肢体活动范围等，并推出一些经验计算公式，这为座椅、沙发、床等家具设计提供了精确的依据。通过人体工程学研究，人们对各类家具尺寸都得出了最佳范围，如餐桌高度为 750~790 mm，餐椅高度为 450~500 mm，酒吧台高度为 900~1 050 mm，酒吧椅高度为 600~750 mm。

(2)确定家具最佳性能

家具性能包括家具的功能和质量两个方面，功能能够实现使用者需要的某种行为，质量能够体现其功能实现的程度和在使用期内保证功能的保持性。家具设计中，如何恰当地把握性能、取得理想的舒适度，常常是个难题，而人体工程学的精密计划有助于解决这个问题。在进行家具设计时，需要依据该家具产品所要实现的功能，结合相关人体数据，采用最合适的材质，从而确定家具的最佳性能。

(3)确定家具设计的基准点

对于立位使用的家具，如衣柜、壁柜等，应该用立位基准点，即以脚底地面为设计零点标高；对于座位使用的家具，如椅子、桌子等，应该用座位基准点，即以坐骨结节点作为设计零点标高。

(4)确定家具设计的标准尺寸

具体应用标准尺寸可参考表 1-1。

表 1-1　标准尺寸　　单位：mm

名称	尺寸
床	高 400~450，床背高 850~950
床头柜	高 500~700，宽 500~800
写字台	长 1 100~1 500，宽 450~600，高 700~750
衣柜	宽 800~1 200，高 1 600~2 000，深 500
沙发	宽 600~800，高 350~400，背高 1 000
书架	高 1 800，宽 1 000~1 300，深 350~450
办公椅	长 450，宽 450，高 400~450
方餐桌尺寸(长×宽)	二人 700×850，四人 1 350×850，八人 2 250×850
浴缸尺寸	长度一般有三种，即 1 220、1 520、1 680，宽 720，高 450
坐便器尺寸(长×宽×高)	650×345×740
主通道宽	1 200~1 300
酒吧凳高	600~750，850~1 100
淋浴器高	2 100
吧台	高 900~1 050，宽 500
楼梯扶手高	850~1 100

5. 生活空间的设计要求

在密闭舱室中,人的生活空间容积应当等于下列空间之和:(每人坐着的空间+每人工作的空间+每人出入的空间)×人数+走廊过道空间+休息用空间+生活供应品摆放和储存空间+卫生用具和废物存储空间+环境调节装备空间+其他用品(科学仪器)空间等。

每人需要的生活空间分配比例如下:

(1)工作空间占整个空间的40%,它用于劳动、操纵、管理、科研以及其他工作。

(2)公用空间占整个空间的25%,它用于进餐、炊事、供应品存储、文娱活动。

(3)个人生活空间占整个空间的20%,它用于生活起居、存放个人物品。

(4)服务空间占整个空间的15%,它用于盥洗、卫生和公共存物。

居住在密闭舱室中的人员,其生活空间的需要量随着居住时间增长而加大。只居住1天者,需1.7~2.8 m^3;居住3天者,需5.6~5.7 m^3;居住3天以上者稳定在7 m^3。

1.1.4 环境心理学

1. 环境

日常生活中人们常常提到环境,把它同周围事物联系起来,即环境是相对某项中心事物而言的,它可以说是围绕着某种物体,并对该物体的"行为"产生某些影响的外界事物。在这里,某种物体作为主体,而与之发生关系的周围其他事物则是环境。因此,有人认为环境是影响有机体生长和发展的外界实际条件的总和(Thomas Frdeerick, F. Saarinen, 1976);也有人认为人是环境的中心,又是环境的一部分(Robert James Lang, 1974)。环境科学考察人作为中心事物(主体)的外部世界——人类环境,是围绕着人群的充满着各种有生命体和无生命体的空间,是人类赖以生存、发展、生产和生活的外部客观世界。

2. 环境心理学

环境心理学是研究个体行为与其所处环境之间相互关系的学科。它主要研究环境和心理的相互关系,即用心理学的方法分析人类经验、活动与社会环境(尤其是物理环境)各方面的相互作用和影响,揭示各种环境条件下人的心理发展的规律。1978年,保罗·贝尔(Paul A. Bell)、托马斯·格林(Thomas C. Greence)和杰弗瑞·费希尔(Jeffiey D. Fisher)三人合著的《环境心理学》一书,给环境心理学下了一个比较确切的定义:环境心理学是对行为与构造和自然环境之间的相互关系进行研究的科学。环境心理学从研究噪声入手,分别对个人空间、拥挤和人类的关系、城市发展和城市设计等问题进行研究。其目的是了解个体如何与环境相互作用,进而利用和改造环境,以解决各种因环境而产生的人类行为问题。

环境心理学研究的主要任务是:自然环境和社会环境的概念,不同环境中的心理学原理及各种环境状况中人的心理现象和对环境的知觉;环境物理量和环境心理量之间的关系(环境与人的思维、情感、意志、个性等相互关系),环境对人的心理和行为的反馈规律,其中包括自然环境(如噪声、温度、风向、气候、空气的污染)和社会环境(如个人空间、地域观念、社会风气、社会文化、人际关系等)的影响;环境联想对环境意识与心理的影响,以及环境污染中心理变化对人体信息传递、工作效率等的影响;人们在不同环境条件下如何进行自我心理调适,以适应和创造一种有利于个体发展的环境。从客观方面和主观方面去研究环境与心理的关系,是环境心理学的两大任务。

3. 环境心理学的研究内容

(1)环境认知

环境认知即对环境的知觉和认识,包括环境信息的获得、对潜在环境的知觉、影响环境知觉的因素、认知地图、城市和游艇游船的表象以及环境与保护,等等。

(2)环境压力

研究紧张环境引起的心理变化、环境危害和自然灾害、个体对环境压力的反应、极端环境的形式与表现。例如,研究噪声与心理和行为的关系问题,特别是研究现实环境中噪声对个体造成的环境压力。此外,减轻环境紧张和压力的策略也是研究的一个方面。

(3)个人空间和领域性

研究个人空间的形式、功能和测量,人与人之间的距离,影响个人空间的因素,个人空间的使用与侵犯,人类的领域行为。

(4)密度、拥挤和环境类型

研究密度和拥挤感的关系,高密度对动物和人类的影响,拥挤感不同体验以及如何减少拥挤;人类的环境类型,不同的自然环境、工作环境、学习环境和居住环境对个体心理和行为的影响。

(5)空间行为

研究空间行为和环境的易识别性,空间的生气感和舒适感,空间的秘密性和公共性,空间的使用方式,特别是舱室和布局方式对个体人际关系与交往方式等的影响。

(6)环境问题与行为对策

研究行为技术干预环境的问题,环境对人类健康的影响,环境概念和活动的个体差异性。

环境心理学非常重视生活在人工环境中的人们的心理倾向,把选择环境与创建环境相结合,着重研究下列问题:

①环境和行为的关系;

②怎样进行环境的认知;

③环境和空间的利用;

④怎样感知和评价环境;

⑤在已有环境中人的行为和感觉。

任务1.2　邮轮舱室内装设计美学

1.2.1　居住舱室设计

在大型邮轮中,居住类舱室作为游客休闲和休息的重要场所,是游客享受邮轮生活的基础。

大型邮轮通常载客数为2 000~5 000人,上层建筑中居住类舱室占比超过60%,是游客用于住宿休息的场所,是邮轮上最重要、最基本的功能空间。居住类舱室的功能布局、面积大小、装饰风格、光照条件、照明效果、卧具、用具、视听设备、通信方式、空气质量以及卫生整洁程度等,将会给游客留以深刻的印象,决定着邮轮运营的成功或失败。同时,为了满足各类游客的出行需求,邮轮上设置有多种房型客舱,通常以4种类型客舱(内舱房、海景房、阳台房和套房)为主,且包含一定数量的无障碍房。为提升接待能力有的邮轮另配1~2种房型,例如增加单人房、连接式客舱等。

1. 内舱房

内舱房位于船体内部,因而没有对外的窗户或舷窗,它是邮轮上面积最小,也是最便宜的客舱。在有些船上,会安装电子屏幕,把船上或海上的状况转播给乘客。还有一些船因为有中庭,所以其内舱房可以面向船体中庭开窗,如皇家加勒比邮轮的皇家大道内舱房。内舱房虽然面积小,却能提供乘客所需要的一切家具及设施。典型的设施包括两张单人床(可转双人大床)、独立卫浴、闭路电视、保险箱、储藏柜等。有些房间还可以增加折叠床。根据房间的性质不同,内舱房能容纳2~4人不等(图1-4)。

(a) (b)

图1-4 内舱房空间图

2. 海景房

乘客在海景房的舱室内可以看到窗外的大海。海景房依据所处的甲板层及船体内部的位置,有的设置舷窗、风景窗或落地窗(图1-5)。通常海景房比内舱房面积略大,内部设施则基本相同。窗外的景色使海景房显得明亮,不仅可以感知天气和时间,还可以体验海面一浪接一浪的惊喜。在某些评价标准中,能看到外部风景的客房(包括海景房、阳台房和套房)占所有客房的比例大小是衡量一艘邮轮是否奢华的重要参考依据。海景房包含内舱房的所有功能,但比内舱房多出一个舷窗、风景窗,甚至是落地窗,这取决于邮轮的等级类别。

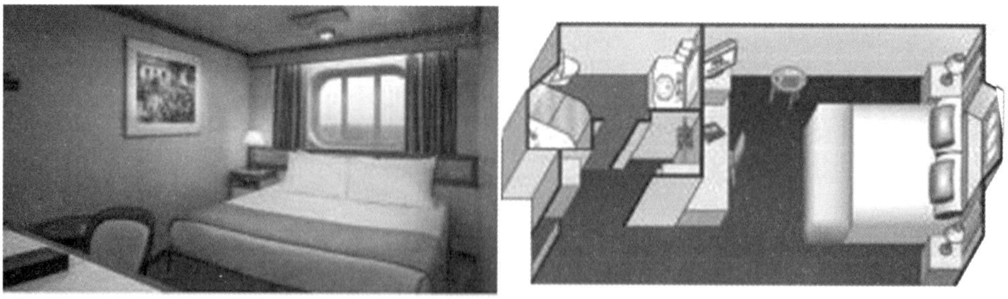

(a) (b)

图1-5 海景房空间图

3. 阳台房

拥有独立的阳台是阳台房最显著的特征。它是邮轮中的标准房型,级别仅次于套房。

在某些邮轮上,阳台房同海景房和内舱房所处的平面会有所区别。乘客可以在阳台上享受不断变化的风景,以及专属的客房服务、提供的早晚餐。阳台房可供客人最大限度地享受私有化的风景,因此选择这类房型的客人把航线及目的地作为选择邮轮的主要依据,他们期待看到如诗如画的自然风景,如阿拉斯加航线可能是他们的首选。阳台房是目前在运营的邮轮中的标准房型,是除去套房以外最高级别的客房类型,如果入住的乘客人数不多,而且没有更高级别的要求,那么阳台房就可以满足邮轮旅游的需求(图1-6)。

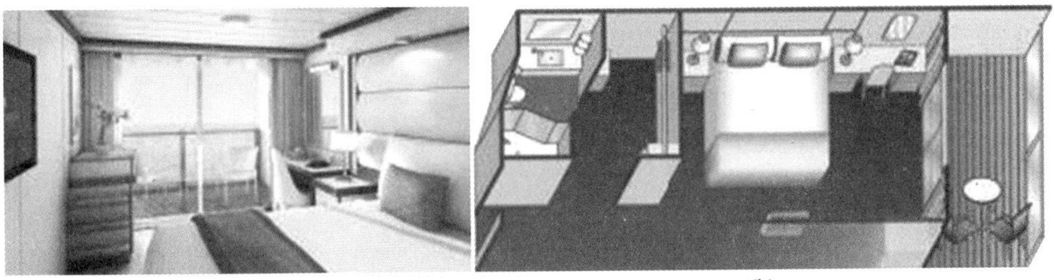

(a) (b)

图1-6 阳台房空间图

4. 套房

套房是邮轮上最高等级的房型。套房的类型有很多,如迷你套房、二套房、三套房、豪华套房、总统套房等。范围从基本的两居室到大型、豪华型的多室空间,种类较多,设施豪华,服务周到。除了阳台和独立卫浴外,基本的两居室还包括套卧房、起居室,豪华型的套房甚至包括餐厅、厨房、储藏间、门厅等。迷你套房的房间居室之间不一定用墙壁分隔,而是通过窗帘、家具等其他手段分隔。在设施及服务方面,套房的淋浴间通常有旋涡浴盆,起居室有环绕音响甚至钢琴。有些邮轮允许套房的客人优先登船或上岸,有些邮轮提供晚间餐前小点、门房服务、室内按摩和管家服务。建造一定数量的套房是邮轮增加客房类型的主要手段。套房的数量和所占的比例因邮轮类型不同而不同。大多数邮轮仅有5%~10%的套房配置。高级的豪华邮轮提供20%以上的套房占地,甚至全部为套房。它们一般位于邮轮艏艉部、上层或转角处,或是位于建筑结构提供异型房的地方,在那儿可以欣赏到更好的风景和享受更方便的服务。套房通常适用于以下人群:高端人士,家庭团体,具有一定经济实力、对服务设施有更高要求的人群(图1-7)。

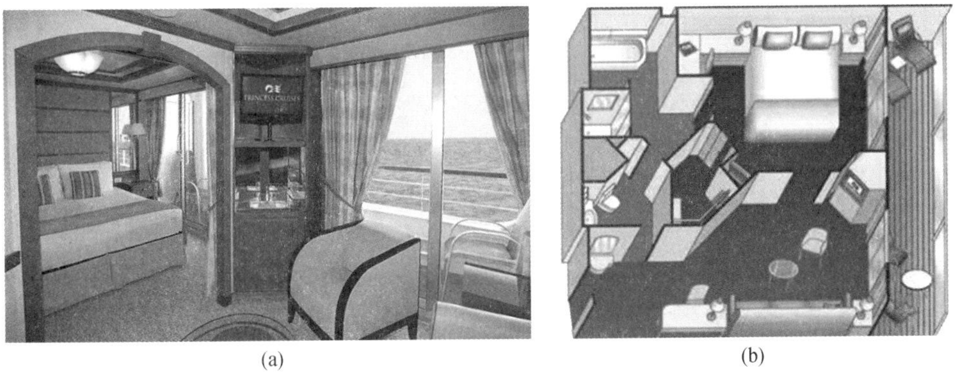

(a) (b)

图1-7 套房空间图

总体来说,居住舱室在空间上属于静态空间,因而色彩上适合以静谧、柔和、温暖的浅色彩为主。灯光上由于高度限制,多以吸顶灯为主光源,辅以壁灯、筒灯、射灯等点光源及灯带等线光源进行点缀。不同类型舱室配备的设备不尽相同,但是基本设施必不可少。风格设计上也多与邮轮的整体风格相统一。

1.2.2 公共活动区域设计

1. 接待区

所有邮轮都有类似大堂的地方,设有事务长室(前台或接待处、问询处)。事务长室旁边通常设有岸上观光处,乘客可在此咨询有关港口观光及活动方面的事宜,也可在此进行服务预订(图 1-8)。

图 1-8 接待区

2. 餐厅及其他就餐区域

餐厅是客人用早、午、晚餐的场所,较大的邮轮的典型特征就是拥有几个餐厅,甚至是每层都有餐厅(图 1-9)。此外大型邮轮还有非正式的、自助类餐厅以及比萨饼店或特色主题餐厅。客人可以在室内就餐,天气好时还可以在室外(该区域称作丽都甲板或露天餐厅)就餐。

图 1-9 餐厅

在进行邮轮餐厅设计时应注意以下几方面：

(1)在风格上需要与邮轮内其他舱室的设计和布置保持协调统一，让乘客感受到舒适、轻松，同时也需要根据餐厅设计的要求体现自身的特点和服务理念。

(2)在空间占有方面，需要参考邮轮上乘客的数量、客户的市场和菜品经营项目进行设计。保证餐厅的占有面积能够满足大型邮轮上乘客的就餐需求。

(3)在安全性方面，家具的摆设、配件装饰品的添加在满足功能要求的基础上，要对安全性进行着重考虑，保证家具、装饰品安装稳定，不会存在安全性风险。

(4)在氛围营造方面，需要根据餐厅类型的不同进行有针对性的设计，同时可借助光源来丰富空间的层次和韵律。

3. 演出大厅(多功能厅)

在邮轮上，娱乐活动通常每晚都有。白天在演出大厅可举办邮轮旅游指南讲座和港口讲座、做游戏、放映电影或举办其他专项活动。晚上在演出大厅可举行各种表演(书法、武术、时装秀等)。大多数邮轮通常还设有另外的娱乐区、酒吧以及舞厅(图1-10)。

图1-10　演出大厅

4. 健身俱乐部

大部分邮轮为客人提供锻炼的场地，配有增氧健身区、自行车、健身踏步器和投掷器械等。健身俱乐部通常与一个水疗区相连，可以提供按摩、桑拿、芳香疗法、旋涡浴以及美容美发等服务(图1-11)。

5. 礼品商店

礼品商店出售各种杂物、纪念品、免税商品等。纪念品通常以该邮轮为主题，一些邮轮已有许多购物之处为特色，甚至构成了一条微型商业街(图1-12)。

6. 医务室

根据规定，乘客人数超过100人的任何船只都要配备内科医生，有护士做助手，并配备相应的医疗设施。

通常远洋邮轮还设有电影院、照片陈列室和赌场等，空间种类十分丰富(图1-13)。

公共活动区域在空间上属于动态空间，且功能性强。在色彩上可以按照空间特点进行设计，但风格仍然需要与邮轮整体保持一致。

图 1-11　健身俱乐部

图 1-12　礼品商店

1.2.3　工作舱室设计

邮轮工作舱室主要由驾驶室、海图室、报务室、雷达室、广播室、理货室、厨房、木工间、电工间、机修间、各种储物间等组成。邮轮的工作舱室随邮轮的型号、航线及业务性质而有所差异。

驾驶室、海图室、报务室是邮轮的主要航海部位,为便于航行中相互联系,通常将这些工作舱室都放在同一层上。

报务室是设置无线电通信设备,从事邮轮与邮轮、邮轮与陆地通信联系的工作场所。报务员担负着经常为驾驶人员提供信息的任务,所以通常把报务室放在驾驶室左后侧。室内应有良好的绝热隔音设施,要有直通露天甲板的门,以供应急之用。

雷达室是放置和操纵雷达装置的部位。雷达显示器应装在驾驶室或海图室,考虑与驾驶室联系方便和缩短雷达装置与天线的距离以及减少导波管的弯折次数,雷达室通常设在驾驶室同层和靠近雷达天线下面的区域。

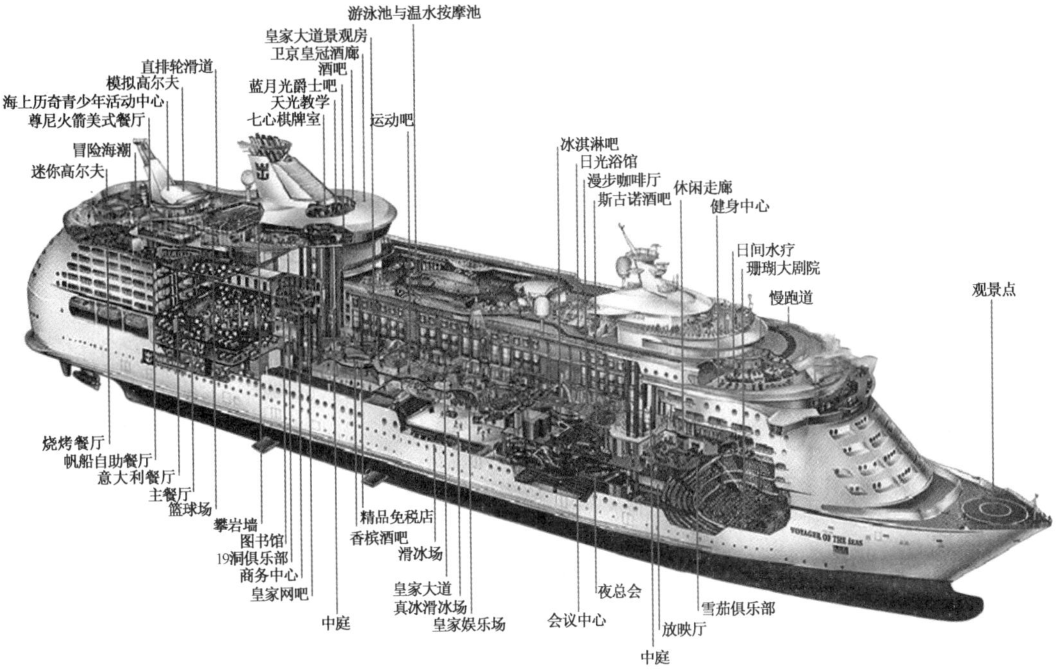

图 1-13　邮轮船舱透视图

应急发电机室要设在较安全地带，多设在甲板上，并设有单独通向露天甲板的门，以保证发电机故障或海损时应急供电。应急蓄电池室也设在该层内，亦须设通向露天甲板的出口。

机修间供修理主辅机及各种设备配件之用，通常设在机舱区域的平台上面或其他邻近机舱便于工作的处所。

灯具间、油漆间、木工间一般都设在艏楼内部，货船上也有布置在起货机平台下的。灯具间和油漆间应以钢质隔壁分开，均须设有良好的通风设备和直通露天甲板的出入口。

电工间多设在电匠居住舱室附近。

理货室是用来接待外界商务人员的舱室。考虑到接待方便而又不影响船内的工作，理货室宜放在上甲板层，应设直通的出入口。

此外，还有一些工作舱室，可根据其设备特点和同型邮轮布置的经验进行布置。例如：报务用的变流机多放在报务室同层的变流机室内，并设有通向露天甲板的门；电罗经的变流机最好放在主罗经旁的单独房间内；电罗经室应尽可能设在船的摇摆中心附近；消防用的灭火剂（如 CO_2）多放在桅室或上甲板上专门的房间内，不可放在生活舱室区。

项目 2　邮轮内装建造项目管理

任务 2.1　邮轮内装建造项目建造规范认知

2.1.1　邮轮内装设计须满足的法规、公约、规范

船旗国的法规要求
阿拉斯加大型客船污水排放要求
船舶有害物质清单编制及检验指南(2016)
邮轮安全法案(2010)
国际海上人命安全公约(SOLAS)
美国海岸警卫队法规(USCG Rules and Regulations)
苏伊士运河要求(不包括苏伊士运河灯等的要求)
国际海上避碰规则公约(1972)
残疾人房间和通道相关要求
船上电气设备要求(IEC Publication No. 92)
船上噪声等级规则
全球海上遇险和安全系统(GMDSS)
国际船舶载重线公约(ICLL)
国际船舶吨位丈量公约
国际完整稳性规则(IS 2008)
国际海事卫星组织公约(INMARSAT 1976)
国际控制船舶有害防污底系统公约(AFS Convention 2001)
国际船舶和港口设施保安规则(ISPS)
国际海上引航员协会规则
国际劳工组织对货船船员居住舱室的要求
国际防止船舶造成污染公约(MARPOL)
美国公共卫生组织相关要求
国际船舶压载水和沉积物控制和管理公约(2004)
海事劳工公约(MLC 2006)

2.1.2　内装建造材料使用规范

按照防火、烟、毒及相关证书要求,严格依据防火、烟、毒相关法规、规范进行内装建造材料的选择,确保设计满足规范要求,符合安全质量规定,做到轻(质量轻)、薄(占用空间少),具体要求见表 2-1。

表 2-1　内装建造材料使用规范

项目	船舶类型	
	H1505	20000 集装箱船
防火绝缘种类	A60、A30、A15、纳米微孔材料	A60
A60 甲板面	60 mm 轻质岩棉，36 kg/m^3	30 mm 陶瓷棉，170 kg/m^3
A60 舱壁	70 mm 轻质岩棉，66 kg/m^3	20 mm+20 mm 陶瓷棉，170 kg/m^3
隔热绝缘甲板面	可见面：50 mm 岩棉，40 kg/m^3 遮蔽面：25 mm 玻璃棉，30 kg/m^3	70 mm 岩棉，100 kg/m^3
隔热绝缘舱壁	可见面：50 mm 岩棉，40 kg/m^3 遮蔽面：50 mm 玻璃棉，30 kg/m^3	50 mm 岩棉，100 kg/m^3
隔音绝缘甲板面	60 mm 轻质岩棉，36 kg/m^3	75 mm 岩棉，100 kg/m^3
隔音绝缘舱壁	60 mm 轻质岩棉，36 kg/m^3	75 mm 岩棉，100 kg/m^3
用量	约 18 万 m^2	约 1.8 万 m^2

由表 2-1 可知，邮轮绝缘品种更多，质量更轻，用量更大，更加环保且具有更高的保温、隔音性能。

除此之外，邮轮特殊之处包括具有铝合金结构绝缘，饰面使用重型玻璃丝布表面刷油漆；耐海洋环境（湿热、盐雾、强紫外线），见表 2-2。

表 2-2　邮轮各区域饰面材料厚度要求

类型	厚度/mm	区域
TYPE 3A	7	非预制阳台（柚木纹）
TYPE 4	15~16	露天甲板和登乘甲板（柚木纹）
TYPE 6	15~16	船员甲板，露天甲板，水公园甲板
TYPE 7	18~19	水公园潮湿区域甲板
TYPE 8	15~16	餐厅部分区域甲板
TYPE 10	10	儿童露天区域甲板，数字运动室内甲板
TYPE 13	23	慢跑道甲板
TYPE 14	36	篮球场甲板
TYPE 15	12~23	数字运动室外甲板
TYPE 16	23	运动场甲板
TYPE 17	待定	健身房甲板（室内）

减振、降噪的隔热、隔音敷料一般用于船舶设施有高隔声和防火要求的地面铺设，能有效隔绝空气噪声、撞击噪声以及结构传声。采用浮动地板与减振阻尼涂层相结合的形式，能帮助乘客和船员抵抗振动噪声，提高舒适度，如图 2-1 所示。

(a)

(b)

图 2-1 船用隔热、隔音敷料

内装材料要具有耐用性,在人员使用频率较高的情况下,能保持良好状态。

1. 供暖通风、空调系统材料使用标准

通风管道防火风闸、耐火结构等应提供相应的船用产品合格证和结构耐火标准试验报告或其他认可证。

防火舱壁上通风管道应具备关闭装置、开口的防火等效措施及防火门等。

2. 消防系统材料使用标准

需要确认进口设备供货问题,保证施工的进度。

选用的国产设备需要考虑可靠性问题,以确保满足相应的功能。

3. 降噪材料使用标准

海洋工程装备的噪声级别需要满足《船上噪声等级规则》的要求,一般舱室的要求不超过 55 dB,个别舱室不超过 50 dB。而邮轮为满足乘客的舒适性,对噪声提出了更高的要求,乘客舱室要求不超过 44 dB。

海洋工程装备的隔音敷料节点比较少,大约有 6 个节点。而邮轮通过大量的浮动地板与阻尼地板相结合,来满足不同处所的隔音、降噪要求,节点达 15 个之多。

4. 照明系统材料使用标准

电缆密封填料应该具有船级社认可后颁发的船用产品质量证书,并且指明各种填料所具有的耐火等级,如图 2-2 所示。

5. 绝缘材料使用标准

(1)玻璃棉,是一种玻璃纤维,通过将玻璃融化成硬纤维(平均直径约为 6 μm)并将其与热固性树脂浸渍制成。密度为 20~50 kg/m^3,最高使用温度为 500 ℃。

(2)岩棉,是通过将硅质、铝、火山和玄武岩的团聚体熔化成硬化纤维(直径约 5 μm)而制成的岩石纤维,并与热固性树脂浸渍制成,密度从 40 kg/m^3 到 180 kg/m^3 不等,最高使用温度为 700 ℃。轻质岩棉是采用玻璃棉技术生产的纯纤维矿棉,具有高隔音、隔热性能,密度较低(20~120 kg/m^3),最高使用温度为 660 ℃。

(3)A60 替代材料,是一种微孔纳米隔热材料,为分子直径为 5~25 nm 的二氧化硅多孔结构。

(4)铝蜂窝板,其夹芯板采用铝制表面材料,芯采用铝蜂窝。

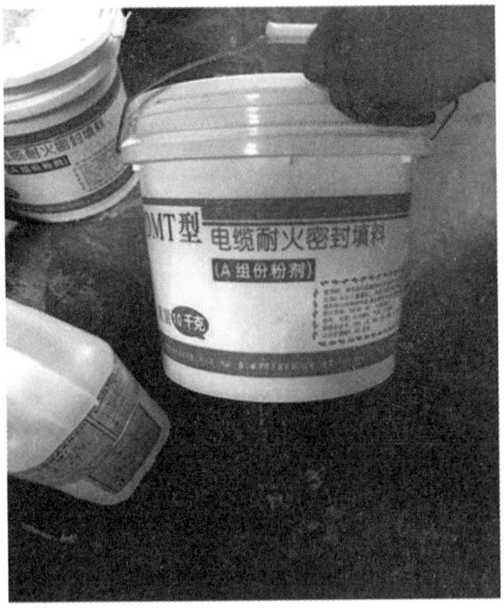

(a)

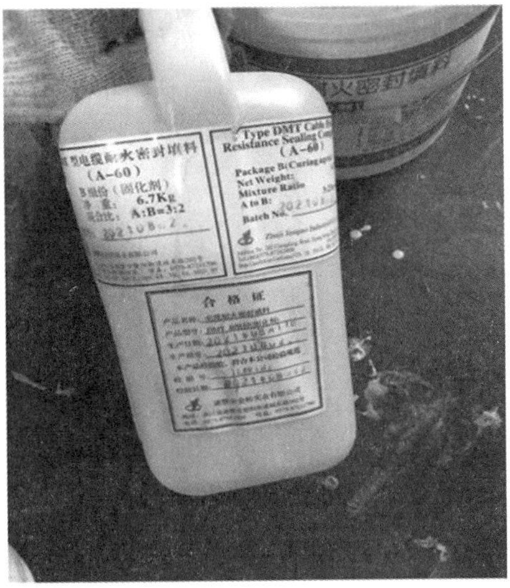

(b)

图 2-2　电缆密封填料

(5)玻璃丝布,由连续的玻璃纤维丝组成,重型玻璃丝布密度约为 500 g/m³,该玻璃丝布可喷涂油漆车,轻型玻璃丝布密度为 120~150 g/m³。

(6)铝箔,厚度为 0.02 mm,密度为 70 g/m³。

(7)白铁皮,厚度为 0.8 mm。

(8)填充材料,由水泥和中粗粒膨胀黏土(质量比为 2∶1)加 10%质量的胶乳组成。

(9)密封剂,按照规定执行。

(10)拦水扁铁,在钢甲板上使用规格为 60 mm×3 mm 的扁铁;在轻合金甲板上需使用铝制 L 型材。

6. 装饰材料使用标准

装饰性树脂地板用于室外公共区域的开敞甲板,根据设计师的要求进行设计与施工,特点是防滑耐磨,耐酸、碱、盐,防紫外线。

地毯的色彩、图案、材质设计与选择,由船东设计师根据区域设计效果来决定。之后由地毯供应商根据船厂提供的公共区域划分图,提供地毯裁剪图并裁剪成块,并统计各区域使用面积和总面积。地毯安装承包商根据地毯厂家提供的裁剪图,负责地毯的安装。固定地毯的踢脚板型材由公共区域承包商负责安装。

地毯是一种软性铺装材料,具有较好的防滑作用及较强的装饰性,因此使用频率较高。

2.1.3　内装建造工艺规范

1. 内装装配工艺建造规范

(1)家具工艺要求

①安装的钢质家具名称、规格、位置应符合钢质家具布置图的要求;

②钢质家具安装后应保持垂直或水平;

③钢质家具的安装必须牢固,不得摇晃和发出金属碰撞声;

④施工后焊缝表面应均匀、光滑,不得有假焊、裂缝、夹渣、气孔、焊穿、咬边、毛刺、焊瘤、飞溅或漏焊等缺陷;

⑤用螺栓固定的钢质家具,螺栓必须配弹簧垫圈,安装时螺栓应旋紧,不得松动;

⑥安装后的钢质家具表面应平整、光洁,金属薄板折边必须平直,不应有裂缝,表面油漆应完好无损;

⑦钢质家具安装后,其抽屉、柜门等应开关自如、灵活,无卡死现象。

(2)船用小五金

船用小五金应采用耐久、滞燃和耐蚀的材料制成,应结构合理,外形美观,有足够强度,便于安装。

①闭门器安装后,在关闭过程中的第一、第二速度要符合产品设计要求;

②定门器安装后,开启把手应轻便灵活,不应有卡死现象;

③梯道防滑条的安装要紧贴踏步板,防滑板和橡皮条组装后不得有松动现象;

④钢围壁有扶强材且与防火门的距离大于 80 mm 时,定门器应设置底座过渡;

⑤水瓶架、杯架、化妆品托架等安装后,应保持水平;

⑥风暴扶手支架固定在独立围壁板处,内设加强板,若固定在肘板处,固定螺丝要穿过肘板的面板和底板两层,支架和扶手要有螺丝固定,使其不能转动。

2. 内装钣金工艺建造规范

对通风管路钣金的料厚、规格、材料的审核应严格按图纸要求执行。

钣金连接件和密封件材料、规格需符合船级社造船规范要求。

3. 内装敷料工艺建造规范

扶强材的敷设按防火区域施工图的要求施工。敷设前先检查敷设面上固定钉是否碰牢,碰钉处熔渣飞溅和烧损的漆膜是否清除,以及油漆是否修补完毕,遗漏的须补上。

围壁敷设绝缘材料时,绝缘材料切割后开口处需用玻璃布包覆。若绝缘材料不能包住电缆,故电缆导板马脚要高出矿棉板。

天花板上的绝缘材料敷设时尽量紧贴天花板,避免褶皱起拱。如天花板无绝缘敷设要求,则要考虑增加延伸长度,延伸长度按技术规格书要求确定。

绝缘材料拼接处要紧密无缝。敷设两层绝缘材料时,内层和外层的拼缝不能重叠,须叉开敷设,错开距离。绝缘材料敷设分布位置及厚度应符合隔热、隔音绝缘布置图的要求。

2.1.4 邮轮内装安全规范

1. 安全管理

(1)对总包商所有人员进行公司 HSSE(健康、安全的安全环境管理体系)培训;

(2)危险源辨识(JSA);

(3)严格执行明火、涂装审批管理制度;

(4)区域临时保护措施;

(5)区域安全巡检。

2. 质量管理

(1)需要总包商提供 QCP(质量控制计划)及 ITP(质量控制计划中的质量验收控制);

(2)需要总包商提供证书资料管理、人员资质管理清单;

(3)落实质量周会管理制度;

(4)将质量管控落实到分包商各个班组;

(5)班组自主进行质量管理、过程巡检与检验。

3. 质量控制

(1)对质量与空船重力进行匹配;

(2)根据总包商提供材料质量清单进行重力中心计算;

(3)每批材料须标注净重、毛重;

(4)联合物流公司,抽查验证。

2.1.5　邮轮内装环境保护规范

在施工过程中,应注意对内装的临时保护。

根据临时保护要求,舱室总包商负责舱室材料、预制舱室、舱室区域的临时保护工作,直至交船时将临时保护材料取下。

邮轮内装施工完成交付时,各处所内的空气污染物限值应符合表2-3中的规定。

表2-3　空气污染物限值

序号	污染物	单位	限值
1	甲醛(HCHO)	mg/m^3	≤0.1
2	氨气(NH_3)	mg/m^3	≤0.2
3	苯(C_6H_6)	mg/m^3	≤0.09
4	氡(Rn)	Bq/L	≤400
5	总挥发性有机物	mg/m^3	≤0.6

上述各污染物的测定方法、测试结果的评价与测量报告等,应符合有关规定。

任务2.2　邮轮内装建造项目管理规范认知

不同于传统采购,邮轮内装分包依托分包商,进行从概念设计、基本设计、物资、建造到最终交付的全流程过程管理。通过与各分包商之间多次的沟通交流,确保分包商与船东之间、分包商与分包商之间、分包商与公司各部门之间职责明晰,信息高效畅通传递,最终实现邮轮顺利交付。

2.2.1　供暖通风、空调系统设备建造管理

冷媒水系统的管系内部需要进行酸洗处理,系统密性结束后,进行串洗(最好采用化学清洗),串洗干净后加入淡水并投入药剂。冷媒水需要定期更换,管系外部包扎橡塑海绵且需要完全包扎。

待冷水机组、空调机组、相关泵组调试完毕后,进行水平衡的调节,可采用超声波流量计(水平衡的调试至关重要)。

空调机组调试完毕后,进行布风器调试,最后进行风平衡调试。住舱所有区域风量要

达到设计值且不能超标。

2.2.2 消防系统设备建造管理

舾装前,要完成管系密性试验、管系吹通试验(软管工装),且软管安装完毕。

安装喷头前,注意检查喷头的状态。喷头安装完毕后,检查软管安装状态。

喷头安装完毕后,建议进行临时工装打压。

设备调试过程中所有分区阀门需要关闭,分区阀的位置要标明并留有检修门。

系统保压过程中,压力分段上升时每个阶段保压 10~20 min,保压试验过程中,人力要充足。

实效试验抽取一处进行喷淋。

注意冻区的喷淋系统,应增加电伴热和防冻液。

2.2.3 照明系统设备建造管理

电缆敷设中,要注意电缆的走向排列和电缆的紧固情况以及施工质量检查。

电缆的走向应符合要求,无损伤。防火电缆应按照图纸布置布线,钢扎带和塑料扎带的使用应符合施工要求。施工中,确保电缆不靠近热源区域,无损伤。

电缆的密封性检验应确认以下内容是否完成:

(1)密封填料应该具有船级社认可后颁发的船用产品质量证书,并且标明各种填料所具有的耐火等级。

(2)电缆敷设紧固结束后,确认各电缆贯通件符合相应的耐火等级的要求,确认电缆贯通件内穿过的电缆完整无遗漏。当电缆成束贯穿时,电缆的截面积一般应不超过贯通件内截面积的 40%。

(3)电缆敷设紧固时所用的临时固定支架捆扎物均应清除干净。

(4)贯通件内电缆应均匀分配。

2.2.4 舱室装饰建造管理

1. 工人资质与培训

所有组长都要有现场施工经验,并参与过邮轮项目。

每个组长带 5~10 名工人,要求工人在上岗前对其进行 3 个月以上的培训。

其他工人要有 1~3 年的施工经验,并在上岗前至少要接受 4~5 个月的培训。

2. 现场质量控制

施工经理和现场经理负责现场质量控制。

现场经理负责检查工人的工作进度和质量。

施工经理和现场经理在每个过程中使用项目质量检查范围表(表 2-4)进行检查。

如果发现不合格项目,应立即按照规定的流程采取纠正措施,直至合格。

表 2-4　项目质量检查范围

检查范围	百分比/%
1. 天花板、壁板	30
2. 木工	
3. 焊接底座和支架	10
4. 地面	15
5. 瓷砖	
6. 特殊装饰	20
7. 壁板、天花板壁纸	5
8. 上色、修整	10
9. 清洁	10
总计	100

任务 2.3　邮轮内装建造项目检验管理认知

2.3.1　内装装配工艺检验标准

按照舱室设备布置图和合同说明书的要求,检验舱室设备安装的完整性。

检验舱室内的五金件,如窗帘钩、床帘钩、衣钩以及其他装饰品等是否安装齐全,并检查它们在使用中的方便性和可靠性。

检验壁板、天花板、门窗、玻璃等是否有碰伤痕迹和凹陷等情况,如有应予以修复或更换。

检验门窗开关的灵活性和可靠性。

检验家具固定的牢固性,使用的方便性和可靠性。

检验地面、壁板、天花板、门窗、家具、设备等表面的污渍和清洁状况,必须达到规定的要求。

检验照明、电器、钟、通信设备的完好性。

2.3.2　内装钣金工艺检验标准

钣金加工的尺寸公差、下料毛刺公差、对角线公差要控制在要求的范围内,消灭钣金表面划伤、凹凸点、水印、氧化、辊印、波浪、变形等缺陷。

通风管路布置与图纸要求一致。

门板、面板等外露可见面应无明显凸起、凹陷、粗糙不平、划伤、锈蚀等缺陷。

折弯方向、尺寸与图纸一致。

2.3.3 内装敷料工艺检验标准

外覆材料与绝缘布置图所要求的绝缘材料需一致(如 A60、隔热、隔声等)。

检验热绝缘敷设范围,与绝缘布置图要求应一致,并注意过渡区的敷设,确认无漏敷、少敷或在接缝处留有间隙等现象。

检验围壁上绝缘材料的下缘与甲板的距离,应保持在 50 mm 左右。

检验绝缘在构架处的敷设形式。

检验固定绝缘所用的碰钉的密度,一般每平方米不少于 16 只,且排列整齐、固定坚牢,如图 2-3 所示。

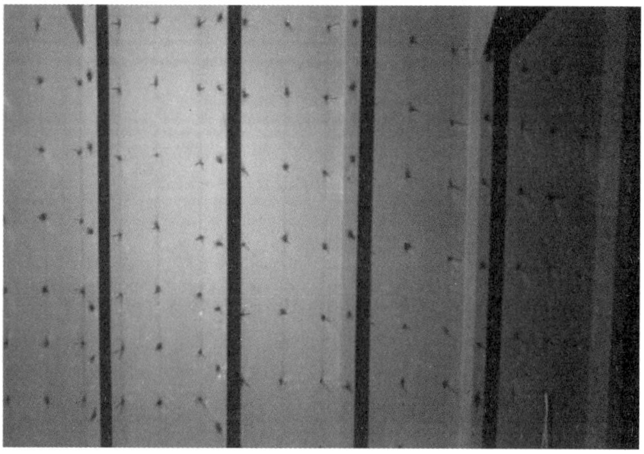

图 2-3 舱壁上安装的碰钉

主管部门在对结构防火的细节进行认可时,应考虑到所要求隔热物的接头处和终止点的热传递危险。对于材质为钢或铝结构的甲板或舱壁,其隔热应至少延伸至超过贯穿处、接头处或终止点 450 mm。如果由“A”级标准的甲板或舱壁分隔的处所有不同的隔热等级时,等级高的隔热应在隔热等级低的甲板或舱壁上至少延伸 450 mm,如图 2-4 所示。

图 2-4 敷设延伸 450 mm

任务 2.4　邮轮内装敷料施工图识读与绘制

甲板敷料图主要由甲板安装图，甲板敷料+面层的图样、符号、说明，敷设节点图以及甲板敷料材料表组成。

图纸主体部分为甲板敷料安装信息。由于各区域功能不同，根据防火划分图的要求，甲板的敷料安装是有所区别的。图纸右上角区域是整张图纸中的各种甲板敷料+面层的图样、符号、说明，这是非常重要的部分，在不同的企业内，具体使用的图例会有所区别，在读图的过程中，要注意对照读图。图纸右下角区域是技术说明，一般描述技术类要求，或对图纸中的一些技术类问题做出说明。

识读甲板敷料图主要是理解船舶各区域的甲板敷料安装信息，了解各区域的结构形式。通过节点信息，了解甲板敷料与壁板等连接的形式，了解该区域的面积和使用甲板敷料的物料信息。

为了不遗漏信息，我们可以按顺时针或逆时针的方向对各区域的甲板敷料信息进行一一读取。这里按顺时针的方向一一对照图样、符号、说明，以及节点图读取信息，下面以主餐厅为例，读图如下：

主餐厅房间代号 7.1.1.1，对应图样识读信息如图 2–5 所示。

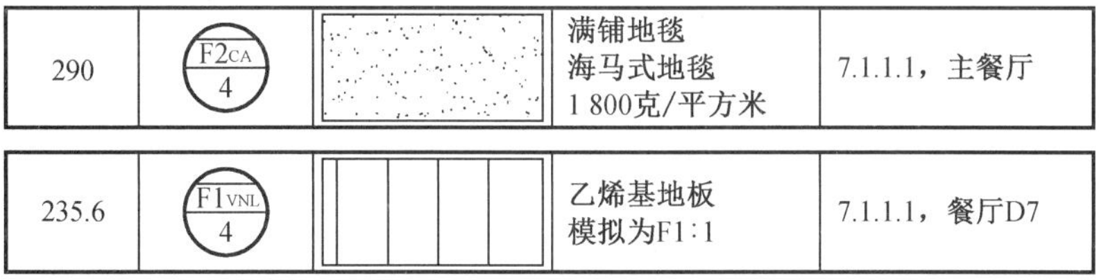

图 2–5　主餐厅图样信息

主餐厅靠近舷墙的部分铺设地毯，铺设面积为 290 m^2，中间区域铺设乙烯基地板，铺设面积为 235.6 m^2。

识读节点图 1（图 2–6），甲板结构从下向上为：（钢板）底漆+约 5 mm 自流平+（自流平）底漆+约 11 mm 自流平+3 mm 乙烯基地板。

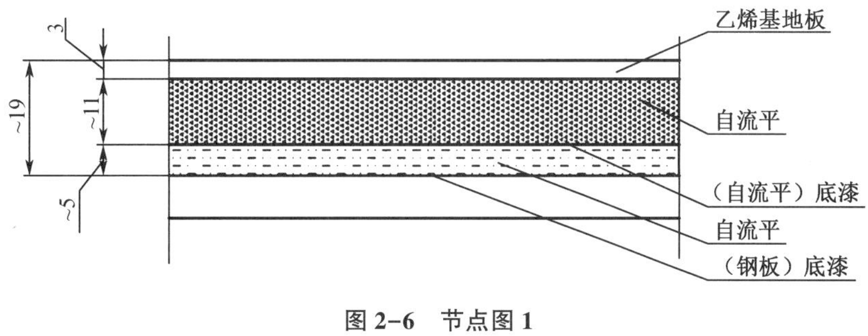

图 2–6　节点图 1

识读节点图 2(图 2-7),F2CA4 的甲板结构从下向上为:(钢板)底漆+约 5 mm 自流平+(底层)胶+4 mm 底层敷料+(地毯)胶+10 mm 地毯。

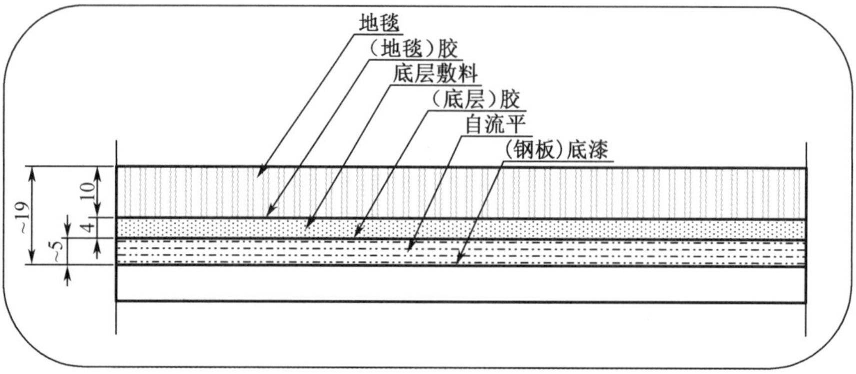

图 2-7　节点图 2

两种地板连接处的信息,见节点详图 A1-A1(图 2-8),乙烯基地板与地毯在地板嵌条处连接,地板嵌条规格为 12.5 mm×20 mm,用地板胶粘在自流平上,上端与两种地板平齐;地板嵌条图例为“---”,从中可以看出,图 2-5 划分了餐厅服务区与就餐区。

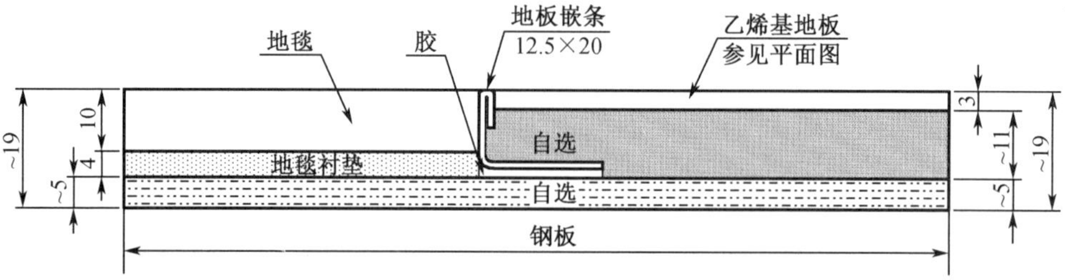

节点详图
1:1

图 2-8　节点详图

主餐厅中的儿童游乐区(图 2-9)F2CA7,满铺地毯,面积为 12.7 m^2。

12.7	F2CA 7		满铺满地毯 海马式地毯 1 800 克/平方米	7.1.1.1,儿童游乐区

图 2-9　主餐厅中的儿童游乐区图样信息

主餐厅的物料清单可以在总物料清单中获取信息。

项目 3　邮轮内装监造与检验

任务 3.1　内装装配施工管理

施工管理包括区域管理、船体工程管理、背景工程管理、内装工程管理和配套工程管理等。

3.1.1　区域管理

船舶水下施工阶段,按照区域划分为机舱、货舱和上层建筑(简称上建)三个管理组。上建区域先是按照防火分隔(总段)划分为若干个主竖区,在船体和背景工程基本结束后,可以按照甲板层数划分为若干管理组。

3.1.2　船体工程管理

船体工程管理包括两个方面:一个是薄板工艺管理,其总体目标为周期短、变形小、精度好、平度适中控制方向为前期设计、原材料选择、焊接过程控制、调平方式、另一个是总组形式管理,即根据防火分隔将上建区域划分为若干总组段,主要目的是保证局部区域的舾装完整,通过增加总组段的完整性,缩短坞内和水下周期,同时也便于生产和生产准备的管理。要注意控制层高和甲板平度。

3.1.3　背景工程管理

1. 涂装专业

住舱内部的涂装作业量很大,除了潮湿区域外,其他区域涂装的作用不是很大。国外船厂和部分国内先进船厂(例如广州造船厂)经过大量试验和研究得出结论:非必要区域只保留车间底漆(预处理阶段所涂)。由于涂装工作量大,而且影响其他工种施工,700 客位项目住舱内部涂装施工方法是:按主竖区逐个进行涂装作业,船体调平工作、舾装安装工作基本结束后,集中人力进行抢工,不要怕后期烧损,如果人力不充足可以先保证地面施工。住舱区域油漆配套工艺方案,需要根据船舶特点和船厂计划反复推敲再进行确认,避免浪费材料和人工。

2. 绝缘专业

绝缘钉的安装在分段进涂前进行,绝缘枪要选择大功率、大电流的设备以保证绝缘钉的焊接强度(在喷砂阶段会有 10%~20%的破损)。绝缘钉要选择硬度适中的材质,螺纹深度 50%以上或者全螺纹,绝缘钉来货长度要富余 2%~3%。绝缘安装前要保证每个绝缘钉的垂直度不低于 80°压盖,要选择硬度强、6 瓣以上的压盖(图 3-1)。

压帽的要求同压盖。

图 3-1 压盖

绝缘材料如有空船质量限制,可选择 80~100 容重的绝缘,没有质量限制可以选择 100~120 容重的绝缘。铝箔胶带(图 3-2)应选择黏性高的产品,并注意施工温度。

图 3-2 铝箔胶带

住舱区域绝缘施工(图 3-3)应注意以下几点:

一是绝缘施工紧跟涂装施工;

二是客船住舱区域严格遵守防火分隔要求,图纸退审后要对施工人员进行宣贯,在施工过程中要进行频繁检查;

三是注意绝缘距地面的高度要求,管系、电气的穿舱件要严格按照要求进行包裹,避免后续返工,要对防烟隔堵进行细致检查。

3. 管系专业

(1)水喷淋管系

客船住舱区域均需设置高压水喷淋管系(图 3-4),管系需要承受 100 bar① 以上的工作压力和 10 bar 以上的恒定压力。为保证管系的稳定性,大部分管系采用不锈钢管和卡套连接。需要注意以下几点:一是水喷淋管系连接形式的选择,卡套连接虽简洁但价格高,承插套管焊接虽牢靠但不方便,建议将二者结合;二是不论选择哪种连接方式,都要进行压力和振动试验;三是白钢管来货后,一定要进行外径椭圆度检查;四是承插套管焊接最好采用氩

① 1 bar = 100 kPa。

弧焊,避免焊接杂质堵塞喷头;五是管系密性试验按主竖区进行,提前准备好工装。

(2)PE管

客船住舱区域的PE管不能漏、不能堵、不能晃,如果不能做到以上三点,将给后续船舶的营运带来很大麻烦。

图3-3　住舱区域绝缘施工

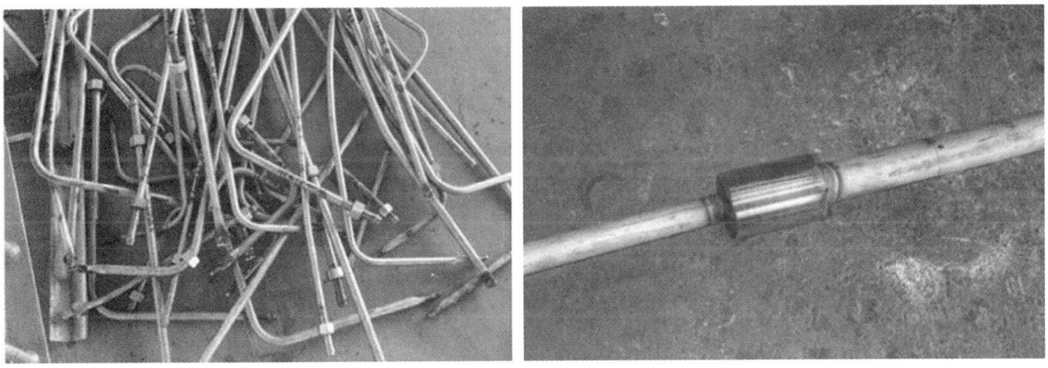

(a)　　(b)

图3-4　水喷淋管系

4. 铁舾专业

(1)窗户安装

窗框安装前需要注意检查平度和尺寸,安装时注意窗框的焊接顺序以及玻璃的保护。

(2)上建栏杆的安装

露天区域栏杆的安装要在总段阶段进行;栏杆焊接前要检查与反面结构的对中(图3-5)。

(3)钢制门框的安装

门框安装前要进行尺寸校正;结构开口要加强设置,防止变形;船体结构焊接完成后,检查门框处的平度和尺寸,进行必要的调平,释放内部应力。

5. 通风专业

由于客船通风系统庞大,过往船舶空调通风系统的供货、质量、安装等方面都出现了非常严重的问题,因此制约了内装工程的连续施工。

图 3-5　上建栏杆的安装

700 客位项目采用通风系统大包的方式解决了上述问题。

螺旋风管接头处密封形式得到改进,将原有铝箔胶带改为白乳胶+玻璃丝布,经样品试验,船东免除密性试验。

需要注意:层高问题给通风系统带来的影响,风道内部的清洁,风道内部的振动问题,风道的冷凝水问题,布风器主副之分。

6. 电气专业

(1)电气艇装预装率超过 90%,电缆分线总段阶段完成 60%;

(2)在电缆拉放过程中要注意信号电缆和动力电缆一定要分开;

(3)所有光纤电缆最后拉放并要预留好位置;

(4)艇装板上电气设备件进行 B15 绝缘安装。

3.1.4　内装工程管理

1. 地面工程

(1)敷料

敷料施工最好选在下水前进行,如在水下进行则需要调整压载状态。

施工温度控制在 5~25 ℃,低于 5 ℃要有保温措施,高于 25 ℃最好选择在夜间施工。

敷料施工前要保证甲板平度、清洁度,基层胶层要涂抹均匀,敷料要搅拌均匀。

敷料施工完毕后,要根据表面情况定期进行养护。

硬度好的敷料与甲板连接不好(可以通过增加基层胶层的厚度进行改善),应根据船东要求确定敷料的种类(部分船东可能会提出拉力试验的要求)。

敷料溜平后,在安装地布前,要保证地面清洁;在采购前最好对不同品牌的地布进行试验;界面剂有助于地布与敷料的连接。

(2)环氧地坪

环氧地坪广泛应用于客船和邮轮上,主要分布在厨房、卫生间、病房等区域。

(3)仿木纹地板

仿木纹地板(图 3-6)主要铺设于邮轮露天区域。

2. 墙面工程

(1)舾装板(图 3-7)

舾装板分为插入式舾装板和贴条式舾装板。客船为了美观多选择插入式舾装板,但需要其他专业配合，减少舾装板的二次拆除量。

图 3-6　仿木纹地板

(a)　(b)　(c)

图 3-7　舾装板

舾装板安装完毕后，所有通道区域舾装板随装随保护，采用 1~2 mm 的塑料板保护。

板槽安装完毕后，使用相同尺寸的木条进行填充保护。

舾装板安装前，要对封闭区域进行彻底的卫生清洁。

(2)闭门器(图 3-8)

闭门器根据门的质量和所处区域风压情况进行选择。

(a)　(b)

图 3-8　闭门器

(3)家具安装

①家具表面防火膜的选择

家具安装完成后,家具表面不应留有锤印、胶水痕迹,连接螺钉的钉尾应敲扁,且沉入木材表面 1~2 mm,家具贴面及饰条封边不得有鼓泡、脱落和剥落现象。

对于家具表面有花纹的饰面,其断开面花纹应衔接,不能有断纹现象。

②家具使用五金件的要求

船用小五金应采用耐久、滞燃和耐蚀的材料制成。

船用小五金结构应合理、外形美观、有足够强度、便于安装。

船用小五金紧固螺孔间距的公差应确保装配的互换性。

两只衣帽钩之间的距离大于或等于 200 mm,且不可有高低现象出现。

③家具的外表检查

家具安装应水平和垂直,连接牢固,不得有明显歪斜、翘曲和松动现象,对于大型家具(如海图桌)应预埋底座,并在局部用钢质框架加强。

到顶家具(如衣柜、组合柜、书柜),封板与天花板之间的间隙应小于 1 mm。家具侧面、背面与围壁的间隙小于 1 mm。

④家具柜门和抽屉的效用检查

家具安装完成后,柜门及抽屉启闭应自如、灵活,不得有碰擦或卡死现象。

装有双开门的家具,柜门上端应平齐。

带有多个抽屉的家具,抽屉应在同一平面上。

⑤带脚家具的牢固性检查(图 3-9)

单脚家具(如茶几、阅览桌、餐桌)的装饰罩壳应固定牢靠,不得转动。

安装家具时,不允许螺钉露出见光部位,若有特殊情况,如壁挂式书架,应使用盖帽螺丝固定。

(a)

(b)

(c)

图 3-9　带脚家具的牢固性检查

3.1.5　配套工程管理

1. 消防设备(图 3-10)

消防设备安装前,要完成管系密性试验、管系吹通试验(软管工装)、软管安装;安装喷头前，注意检查喷头的状态，喷头安装完毕后，检查软管安装状态；喷头安装完毕后，建议临时打压；在设备调试过程中所有分区阀门关闭，分区阀的位置要标明并留有检修门；系统在保压试验过程中，压力分段上升，每个阶段保压 10~20 min，应保证人力充足；实效试验抽取一处进行喷淋；注意冻区处的喷淋系统增加电伴热和防冻液。

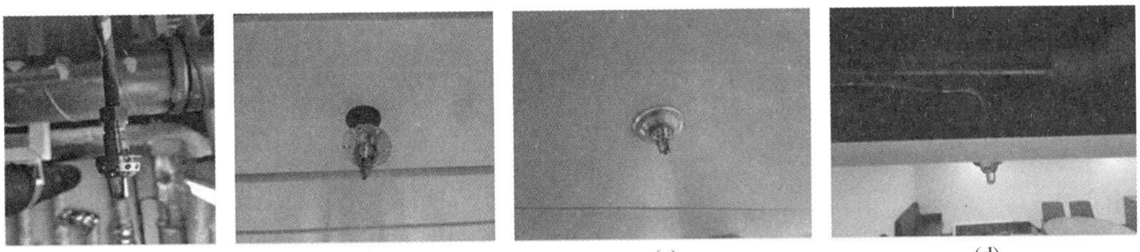

(a)　(b)　(c)　(d)

图 3-10　消防设备

2. 空调系统

在冷媒水系统中，管系内部做酸洗处理。系统密性结束后，进行串洗（最好采用化学清洗方法），串洗干净后加入淡水并投入药剂，冷媒水需要定期更换，管系外部包扎橡塑海绵，需要完全包扎。待冷水机组、空调机组、相关泵组调试完毕后，进行水平衡的调试（这一步骤至关重要），可采用超声波流量计。

空调机组调试完毕后，进行布风器的调试，最后进行风平衡的调试，住舱所有区域风量要达到设计值且不能超标。

3. 减振降噪

700 客位客滚船各级符号中，关于噪声振动的要求是：需满足《钢质海船入级规范（2022）》及其修改通报的相关规范要求，如乘客高级舱室的振动值不超过 2 mm/s、噪声值不超过 47 dB（A）。而常规船舶噪声方面需要满足《船上噪声等级规则》，振动方面需要满足《船上振动控制指南》（ISO 6954—2000），对应的居住舱室振动值不超过 4 mm/s、噪声值不超过 55 dB（A）。

通过数据分析和评估报告，在产生振动并影响船上人员生活的区域刷阻尼约束结构，以减小振动幅度；通过数据分析和评估报告，在需要的地方使用隔音绝缘材料；在产生噪声的地方（如空调器室），刷阻尼约束结构并敷设隔音绝缘材料，以减小噪声对外界的影响；天花板、壁板系统采用弹性构件，减小噪声和振动的传播（图 3-11）。

(a)　(b)　(c)

图 3-11　减振降噪

任务3.2 内装钣金施工管理

3.2.1 通风、空调系统设备维护与管理

通风、空调系统的套管需要满足耐火分隔上的贯穿及防止热传递(以下内容引自《国际海上人命安全公约》),通风、空调系统如图3-12所示。

(a) (b)

图3-12 通风、空调系统

如贯穿“A”级分隔,该贯穿件应在符合规定的前提下,根据《耐火试验程序规则》进行试验。如果贯穿套管系由厚度3 mm及以上,长度不小于900 mm(以该分隔两侧各450 mm为宜)的钢或等效材料制成,且无开口,则不要求进行试验。该贯穿件应通过延伸与该分隔同样级别的隔热材料适当隔热。

如贯穿“B”级分隔,用于电缆、管道、围壁通道、导管等的通过,或安装通风端口、照明灯具和类似装置,应在符合《国际海上人命公约》7.3.2的规定的前提下做出适当布置,以确保其耐火性不被削弱。

应通过以下二者之一对贯穿“B”级分隔的钢管或铜管以外的管道加以保护:

一个经过耐火试验的贯穿装置,具有适合于被穿透的分隔和所用管道类型的耐火性能;或厚度不小于1.8 mm的钢质套管,对直径为150 mm及以上的管道,长度不小于900 mm,对直径小于150 mm的管道,长度不小于600 mm(以该分隔两侧的长度相等为宜)。管道应通过法兰或管箍与套管的两端连接;或套管与管道之间的空隙不得超过2.5 mm;或管道和套管之间的任何空隙应用不燃材料或其他合适的材料填实。

主管机关在对结构防火的细节进行认可时,应考虑到所要求隔热物的接头处和终止点的热传递危险。对于钢或铝结构的甲板或舱壁,其隔热应至少延伸至超过贯穿处、接头处或终止点450 mm处。如果由“A”级标准的甲板或舱壁分隔的处所有不同的隔热等级,等级高的隔热应在隔热等级低的甲板或舱壁上至少延伸450 mm。

3.2.2　管路系统施工管理

如果有效横截面积等于或小于 0.02 m^2 的薄壁导管穿过“A”级舱壁或甲板，开口应衬有厚度至少为 3 mm 和长度至少为 200 mm 的钢套管，该套管在舱壁两侧的长度以各 100 mm 为宜；如果穿过甲板，则应整体位于所穿过甲板的底侧。如果有效横截面积超过 0.02 m^2 的通风导管穿过“A”级舱壁或甲板，开口应衬有钢套管。但如这种导管为钢结构并穿过甲板或舱壁，导管和套管应符合下列要求：

导管的厚度应至少为 3 mm，且长度至少为 900 mm。在穿过舱壁时，此长度以在舱壁两侧各 450 mm 为宜。这些导管或其所衬套管应设有耐火隔热物。该隔热物应至少与导管穿过的舱壁或甲板具有同等的耐火完整性；有效横截面积超过 0.075 m^2 的导管，除应满足本条 7.3.1.1 的要求以外，还应装设挡火闸。挡火闸应自动工作，但挡火闸应能从舱壁或甲板的两侧手动关闭。挡火闸应装有指示器，用以显示其启闭状态。但是，如果导管穿过被“A”级分隔包围的处所而又不用于这些处所，只要这些导管具有与其所穿过的分隔同等的耐火完整性，则不要求设置挡火闸。如果挡火闸位于天花板或衬板的后面，这些天花板或衬板上应设有检修门，在门上应设有标明挡火闸识别号的标牌。挡火闸的识别号还应在所要求的遥控装置上标明。导管贯穿的细节如图 3-13 所示。

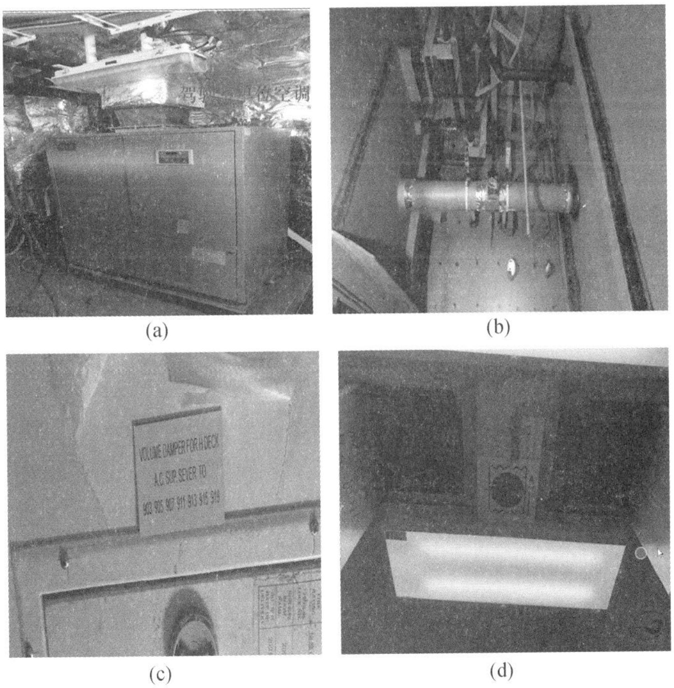

图 3-13　导管贯穿的细节

任务 3.3　内装敷料施工管理

3.3.1　敷料理论计算方法

1. 绝缘、保温材料性能及导热计算

隔热绝缘材料厚度 δ(m)按下式估算:

$$\delta=\frac{\lambda}{\alpha_r}\left(\frac{T_a-T_{sa}}{T_r-T_{sr}}-\frac{\alpha_r}{\alpha_a}\right)$$

式中　T_a——室外温度,K;

T_r——室内温度,K;

T_{sa}——室外壁面温度,K;

T_{sr}——室内壁面温度,K;

α_a——室外换热系数,$W/(m^2 \cdot K)$;

α_r——室内换热系数,$W/(m^2 \cdot K)$;

λ——绝热材料的热导率,$W/(m \cdot K)$。

室外温度 T_a 及室内温度 T_r 见表 3-1。

表 3-1　室外温度 T_a 及室内温度 T_r

船舶种类		室外温度 T_a		室内温度 T_r	
		干球温度(DB)/℃	相对湿度(RH)/%	干球温度(DB)/℃	相对湿度(RH)/%
远洋船舶		35	70	27~29	50
近海船	渤海、黄海、东海	32	50	27~29	50
	南海	35	60	27~29	50
远洋船舶		-20	100	18~21	30
近海船	渤海、黄海、东海	-18	100	18~21	30
	南海	5	75	—	—

舱室适宜温度应在人体生理适宜温度基础上视舱室类别、季节、航线不同而异,还应考虑到通风、空调等不同情况。各类舱室冬季和夏季的舒适温度见表 3-2。

表 3-2　各类舱室冬季和夏季的舒适温度　　单位:℃

季节	舱室				
	住室、办公室、浴室	病房、医务室	影剧院、餐厅、娱乐室	厨房、洗涤	一般范围
冬季	23~24	22~23	20~22	19	20~24
夏季	25~26	24~25	23~24	19	23~26

室内壁表面温度 T_{sr}(K)计算公式：

$$T_{sr}=\frac{K}{\alpha_r}(T_a-T_r)+T_r$$

式中　K——传热系数，W/(m^2·K)；

α_r——室内换热系数，W/(m^2·K)；

T_a——室外温度，K；

T_r——室内温度，K。

2. 隔热绝缘应用范围及绝缘厚度推荐值

(1)隔热绝缘应用范围

①居住区的暴露围壁和甲板；

②其他舱室的暴露甲板；

③机舱(包括机舱棚)、厨房等热源舱与住舱、通道之间；

④通过住舱、通道的水管和风管等管道。

(2)隔热绝缘厚度推荐值

通过设计实践与船舶实测，隔热绝缘应用范围及绝缘厚度推荐值见表 3-3。

表 3-3　隔热、绝缘应用范围及绝缘厚度推荐值　　单位：mm

施工区域	施工部位		绝缘厚度	
			一般航线	热带航线
除本表列出之专用舱室外的起居及公共处所	露天部位	外围壁	50	25
		天花板	50	50
		扶强材、横梁	25	25
厨房卫生间	露天部位	外围壁	50	25
		天花板	50	50
		扶强材、横梁	25	25
通道	露天部位	外围壁	50	25
		天花板	50	50
		扶强材、横梁	25	25
粮库干粮库	露天部位	外围壁	50	25
		天花板	50	50
		扶强材、横梁	25	25
海关储藏室 被服间 居住区内仓库	露天部位	外围壁	50	25
		天花板	50	50
		扶强材、横梁	25	25

表 3-3(续)

施工区域	施工部位		绝缘厚度	
			一般航线	热带航线
电罗经室 电气设备 CO_2 灭火设备室 干衣室	露天部位	外围壁	50	25
		天花板	50	50
		扶强材、横梁	25	25
空调机室 应急发电机室	露天部位	外围壁	50	25
		天花板	50	50
		扶强材、横梁	25	25

注:1. 一般航线,主要指温带、寒带海域,但南极、北极、北欧除外。
2. 热带航线是指温带以南,主要为波斯湾、印度洋、东南亚、澳大利亚、非洲、中美洲。

以上可用作一般隔热绝缘的厚度,若同时还具有防火要求时,因防火绝缘的要求高于普通隔热要求,此时隔热绝缘可不计。

3. 水泥材料性能及砂浆配比计算

(1)不易着火甲板基层敷料

①不易着火甲板敷料结构形式如图 3-14 所示。

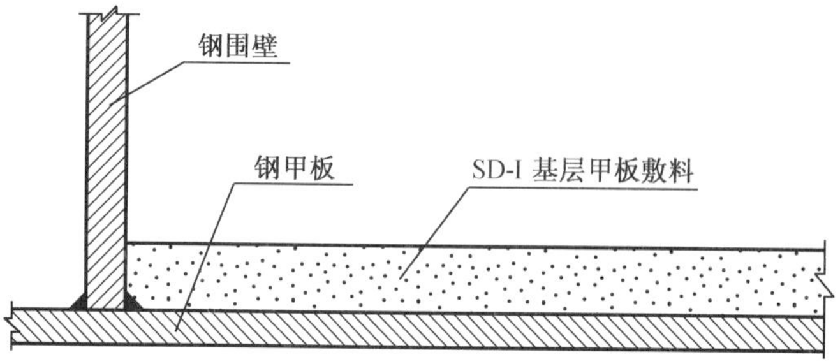

图 3-14　不易着火甲板敷料结构形式

②不易着火甲板基层敷料技术指标见表 3-4。

表 3-4　不易着火甲板基层敷料技术指标

序号	名称	指标
1	密度	$\leqslant$2 100 kg/m^3
2	抗折强度	$\geqslant$4.5 MPa
3	抗压强度	$\geqslant$10 MPa
4	初凝时间	$\geqslant$1 h
5	终凝时间	$\leqslant$24 h
6	不易着火性	符合 IMO《船舶防火标准》
7	单位面积单位厚度质量	$\leqslant$1.96 $kg/(mm \cdot m^2)$

③耐火等级:不易着火性符合IMO《船舶防火标准》和《国际海上人命安全公约》及其修正案规定。

④不易着火甲板基层敷料材料配比见表3-5。

表3-5　不易着火甲板基层敷料材料配比

材料名称	质量比
乳胶液(组分)	1
促凝粉(组分)	3
充填骨料(组分)	6
水	0.6

(2)复合耐火甲板敷料

①复合耐火甲板敷料结构形式如图3-15所示。

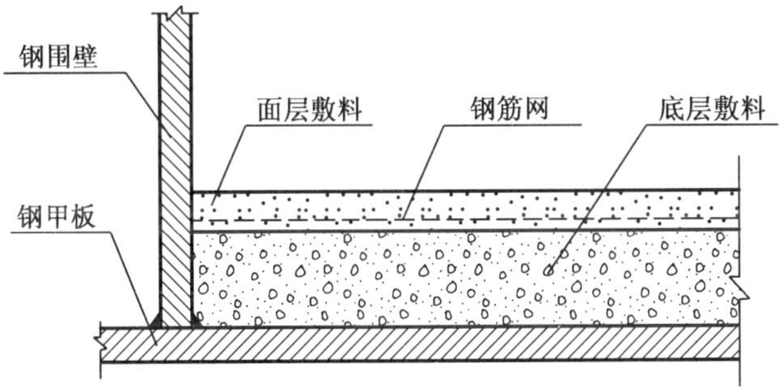

图3-15　复合耐火甲板敷料结构形式

②复合耐火甲板敷料技术指标见表3-6。

表3-6　复合耐火甲板敷料技术指标

分类	名称	指标
面层敷料(改性水泥砂浆)	密度	≤2 100 kg/m³
	抗折强度	≥5 MPa
	抗压强度	≥15 MPa
	初凝时间	≥1 h
	终凝时间	≤24 h
	不燃性	符合《船舶甲板敷料施工工艺标准》规定

表 3-6(续)

分类	名称	指标
底层敷料(改性水泥砂浆)	密度	≤800 kg/m^3
	抗折强度	≥1.4 MPa
	抗压强度	≥5.5 MPa
	初凝时间	≥1 h
	终凝时间	≤24 h
	不燃性	符合《关于“A”、“B”级和“F”级分隔耐火试验程序的建议案》规定
整体	耐火性	≤符合 IMO. A 474(18)决议规定
	单位面积质量	≤24 kg/m^2

③耐火等级:A-60 级符合《关于“A”、“B”级和“F”级分隔耐火试验程序的建议案》和《国际海上人命安全公约》及其修正案规定。

④复合耐火甲板敷料材料配比见表 3-7。

表 3-7 复合耐火甲板敷料材料配比

材料名称		质量比	规格
面层	促凝粉剂(A 组分)	1	—
	充填骨料(B 组分)	3	—
	水	0.66	—
钢丝网		—	网眼 10 mm×10 mm 1 张网 2 000 mm×600 mm
底层	促凝粉剂(A 组分)	2.5	—
	珍珠岩(B 组分)	1	—
	水	5.5	—

(3)浮动耐火甲板敷料

①浮动耐火甲板敷料结构形式如图 3-16 所示。

②浮动耐火甲板敷料技术指标见表 3-8。

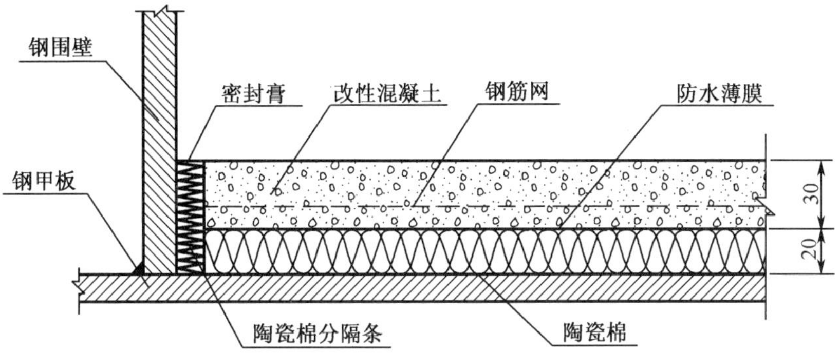

图 3-16　浮动耐火甲板敷料结构形式

表 3-8　浮动耐火甲板敷料技术指标

分类	名称	指标
面层敷料 （改性混凝土）	密度	≤2 300 kg/m³
	抗折强度	≥5 MPa
	抗压强度	≥20 MPa
	初凝时间	≥1 h
	终凝时间	≤12 h
	不燃性	符合《船舶甲板敷料施工工艺标准》规定
底层材料 （陶瓷棉板）	容重	170±10 kg/m³
	不燃性	≤符合《船舶甲板敷料施工工艺标准》规定
整体	耐火性	≤符合《关于“A”、“B”级和“F”级分隔耐火试验程序的建议案》规定
	单位面积质量	≤73 kg/m²

③耐火等级：A-60 级符合《关于“A”、“B”级和“F”级分隔耐火试验程序的建议案》和《国际海上人命安全公约》及其修正案规定。

④浮动耐火甲板敷料材料配比见表 3-9。

表 3-9　浮动耐火甲板敷料材料配比

材料名称	质量比	规格
面层促凝粉剂（A 组分）	1	—
面层充填骨料（B 组分）	3	—
水	0. 48	—

表 3-9(续)

材料名称	质量比	规格
防水薄膜(PE)	—	门幅 2 000 mm
钢丝网	—	网眼 50 mm×50 mm 1 张网 2 000 mm×1 100 mm
陶瓷棉	—	1 00 mm×500 mm×20 mm

(4)轻质甲板基层敷料

①轻质甲板基层敷料结构形式如图 3-17 所示。

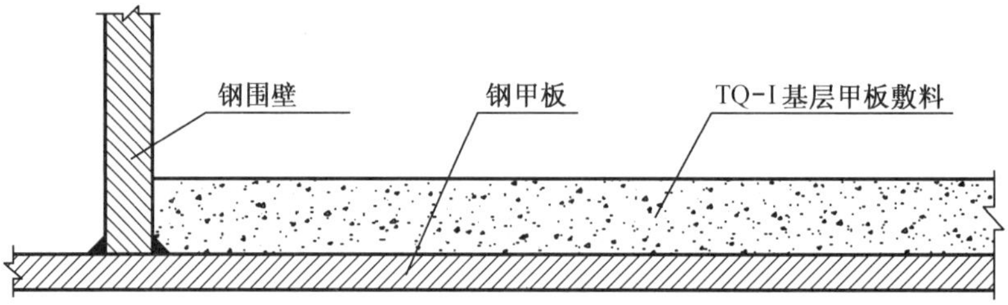

图 3-17　轻质甲板基层敷料结构形式

②轻质甲板基层敷料技术指标见表 3-10。

表 3-10　轻质甲板基层敷料技术指标

序号	名称	指标
1	密度	≤1 300 kg/m^3
2	抗折强度	≥3 MPa
3	抗压强度	≥8 MPa
4	初凝时间	≥1 h
5	终凝时间	≤24 h
6	单位面积单位厚度质量	≤1. 25 kg/(mm · m^2)

③耐火等级:不易着火性符合《表面可燃烧测试》和《国际海上人命安全公约》及其修正案规定。

④认可船级社:中国船级社(CCS)、美国船级社(ABS)、德国船级社(GL)、英国船级社(LR)、挪威船级社(DNV)。

⑤轻质甲板基层敷料材料配比见表 3-11。

表 3-11　轻质甲板基层敷料材料配比

材料名称	质量比
乳胶液(A 组分)	1
促凝粉剂(B 组分)	2.7
充填骨料(C 组分)	4.43

(5)轻质浮动耐火甲板敷料

①轻质浮动耐火甲板敷料结构形式如图 3-18 所示。

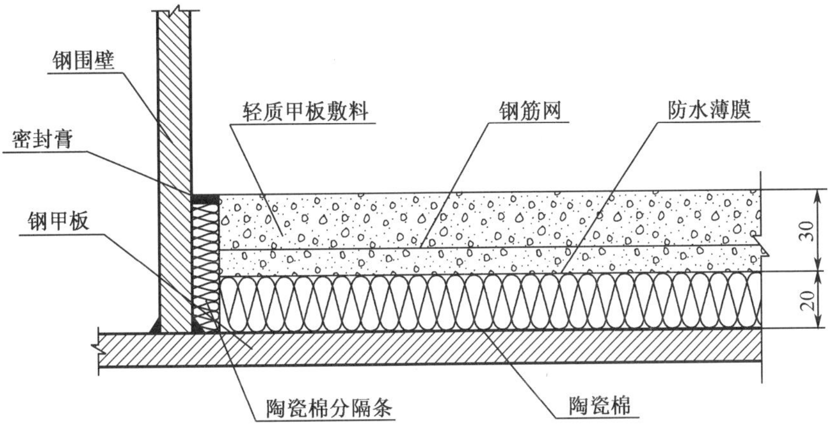

图 3-18　轻质浮动耐火甲板敷料结构形式

②轻质浮动耐火甲板敷料技术指标见表 3-12。

表 3-12　轻质浮动耐火甲板敷料技术指标

分类	名称	指标
面层敷料（轻质敷料）	密度	≤1 500 kg/m³
	抗折强度	≥5 MPa
	抗压强度	≥10 MPa
	初凝时间	≥1 h
	终凝时间	≤24 h
	不燃性	符合《船舶甲板敷料施工工艺标准》规定
底层敷料（陶瓷棉板）	容重	≤(170±10) kg/m³
	不燃性	符合决议规定
整体	耐火性	符合决议规定
	单位面积质量	≤49.5 kg/m²

③耐火等级:A-60 级符合《关于“A”、“B”级和“F”级分隔耐火试验程序的建议案》和《国际海上人命安全公约》及其修正案规定。

④轻质浮动耐火甲板敷料材料配比见表 3-13。

表 3-13　轻质浮动耐火甲板敷料材料配比

材料名称	质量比	规格
面层促凝粉剂(A 组分)	1	—
面层充填骨料(B 组分)	1.35	—
水	0.45	—
防水薄膜	—	门幅 2 000 mm
钢丝网	—	网眼 50 mm×50 mm 1 张网 2 000 mm×1 100 mm
陶瓷棉板	—	1 000 mm×500 mm×20 mm

(6)轻质复合耐火甲板敷料

①轻质复合耐火甲板敷料结构形式如图 3-19 所示。

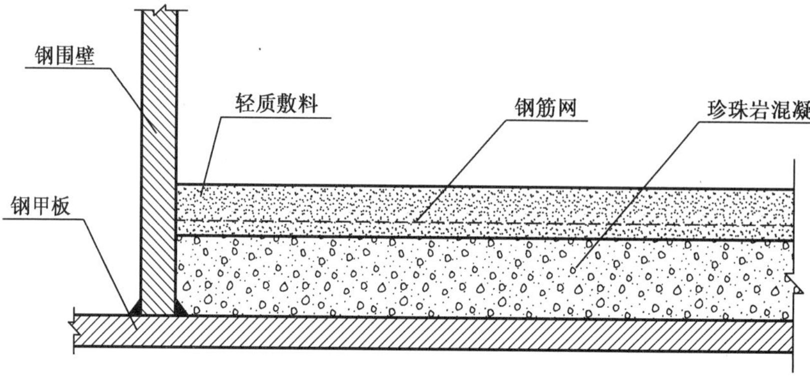

图 3-19　轻质复合耐火甲板敷料结构形式

②轻质复合耐火甲板敷料技术指标见表 3-14。

表 3-14　轻质复合耐火甲板敷料技术指标

分类	名称	指标
面层敷料 (轻质敷料)	密度	≤1 500 kg/m^3
	抗折强度	≥5 MPa
	抗压强度	≥10 MPa
	初凝时间	≥1 h
	终凝时间	≤24 h
	不燃性	符合《船舶甲板敷料施工工艺标准》决议规定

表 3-14(续)

分类	名称	指标
底层敷料（珍珠岩混凝土）	密度	≤800 kg/m³
	抗折强度	≥1.4 MPa
	抗压强度	≥5.5 MPa
	初凝时间	≥1 h
	终凝时间	≤24 h
	不燃性	符合《船舶甲板敷料施工工艺标准》规定
整体	耐火性	符合《关于“A”、“B”级和“F”级分隔耐火试验程序的建议案》规定
	单位面积质量	≤52 kg/m²

③轻质复合耐火甲板敷料耐火等级:A-60 级符合《关于“A”、“B”级和“F”级分隔耐试验程序的建议案》和《国际海上人命安全公约》及其修正案规定。

④轻质复合耐火甲板敷料材料配比见表 3-15。

表 3-15　轻质复合耐火甲板敷料材料配比

材料名称		质量比	规格
面层	促凝粉剂(A 组分)	1	—
	充填骨料(B 组分)	1.35	—
	水	0.45	—
钢丝网			网眼 40 mm×40 mm 1 张网 1 800 mm×600 mm
底层	促凝粉剂(A 组分)	2.5	—
	珍珠岩(B 组分)	1	—
	水	5.5	—

(7) A-60 级轻质耐火甲板敷料工艺要求

①A-60 级轻质耐火甲板敷料结构形式如图 3-20 所示。

②A-60 级轻质耐火甲板敷料技术指标见表 3-16。

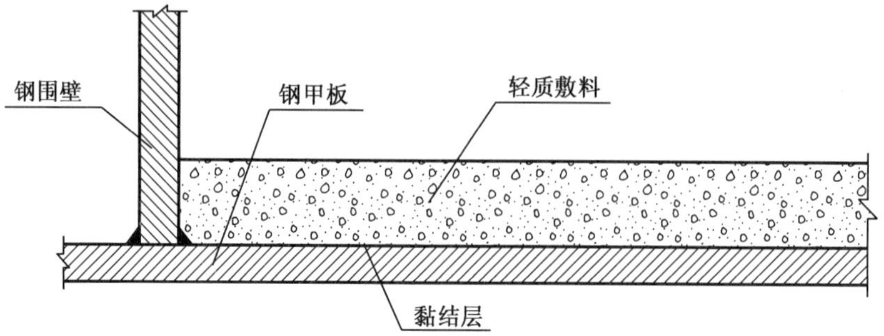

图 3-20　A-60 级轻质耐火甲板敷料结构形式

表 3-16　A-60 级轻质耐火甲板敷料技术指标

序号	名称	指标
1	密度	≤1 000 kg/m^3
2	抗折强度	≥3 MPa
3	抗压强度	≥8 MPa
4	初凝时间	≥1 h
5	终凝时间	≤24 h
6	冲击试验	500 g 钢球从 1 m 高处自由落下不开裂
7	导热系数	≤0. 8 W/(m · K)
8	吸水率	≥15%
9	吸油率	≥10%
10	不燃性	符合《船用结构材料不燃性试验》规定
11	耐火性	≤A-60 级

③A-60 级轻质耐火甲板敷料耐火等级:A-60 级符合《关于“A”、“B”和“F”级分隔耐火试验程序的建议案》和《国际海上人命安全公约》及其修正案规定。

④A-60 级轻质耐火甲板敷料材料配比见表 3-17。

表 3-17　A-60 级轻质耐火甲板敷料材料配比

材料名称		质量比
轻质耐火敷料	促进液(A 组分)	5
	预料粉剂(B 组分)	19. 5
	轻质骨料(C 组分)	12
	水	10~12
黏结层	无机黏结剂	0. 7

(8)流平甲板敷料工艺要求

①流平甲板敷料结构形式如图3-21所示。

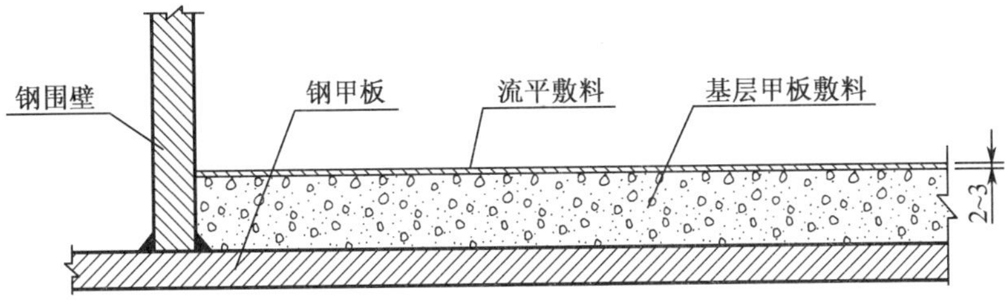

图3-21　流平甲板敷料结构形式

②流平甲板敷料技术指标见表3-18。

表3-18　流平甲板敷料技术指标

序号	名称	指标
1	密度	≤1 800 kg/m^3
2	初凝时间	≥45 min
3	终凝时间	≤6 h
4	抗折强度	≥5.5 MPa
5	抗压强度	≥10 MPa
6	剪切强度	≥0.5 MPa
7	流动度	25~30 cm
8	单位面积单位厚度质量	1.75 kg/(mm·m^2)

③流平甲板敷料耐火等级:不易着火性符合《关于"A"、"B"和"F"级分隔耐火试验程序的建议案》和《国际海上人命安全公约》及其修正案规定。

④流平甲板敷料材料配比见表3-19。

表3-19　流平甲板敷料材料配比

材料名称	质量比	规格
乳胶液(A组分)	1	—
促凝粉剂(B组分)	13	—

3.3.2　施工计划书编写

1.不易着火甲板基层敷料工艺过程

(1)搅拌方法

首先将B组分与C组分加入搅拌机内,同时加入适量的清水进行搅拌,待混合均匀再加入规定比例的 A 组分进行搅拌,使之成为均匀稠泥状物即可施工。

(2)施工程序

将已搅拌好的敷料敷设在基层钢板上,用泥板将敷料在钢板上来回搓动,使钢板充分接触敷料(促凝剂),然后用木质直尺将敷料刮平到规定厚度,经过 30 min 左右,再用泥板压实、泥平,如表面稍干,可洒少量乳胶液再进行泥平。

(3)注意事项

敷料中的乳胶液为高分子材料,故搅拌时不宜用高速搅拌机(器)搅拌,搅拌速度建议为 34 r/min,搅拌时间为 3~5 min。

整个敷设及养护期间,环境温度宜在 5~30 ℃,高于或低于环境温度应采取降温或保暖措施。

施工后敷料必须养护 1~2 天,待固化后方可进入。

甲板敷料为水硬性凝结材料,材料配比中水的添加量一般是在常温条件下的配比,随着气温变化,可视砂浆流动度做适当增减。

2. 复合耐火甲板敷料工艺过程

(1)搅拌方法

面层:首先将 A、B 两组分倒入搅拌机中进行混合搅拌,然后再按比例添加清水,搅拌成均匀的稠状物。

底层:首先将 B 组分倒入搅拌机,然后加入 50% 总量的清水,待 B 组分搅拌湿法后,再加入 A 组分和 50% 总量的清水进行混合搅拌,使之成为均匀的“捏成团”状态。

(2)施工程序

将已搅拌好的珍珠混凝土倒在基层钢板上,用木质直尺刮开、拍平,敷设厚度达到规定的 35 mm 后用泥板压平。该层珍珠岩混凝土完工后,在常温下养护 48 h 以上,然后铺设钢筋网,钢筋网搭接宽度不少于 100 mm,且搭接层数最多不超过 3 层,搭接处用镀锌铁丝扎紧。钢筋网固定完后,即可敷设水泥砂浆,敷设厚度达到规定的 15 mm。

(3)注意事项

在施工作业中,各类搅拌好的敷料必须在 40 min 内敷设完毕。

整个敷设及养护期间,环境温度在 5~30 ℃,高于或低于环境温度应采取降温或保暖措施。

施工后敷料必须养护 1~2 天,待固化后方可进入。

甲板敷料是水硬性凝结材料,其材料配比中水的添加量一般是在常温条件下的配比,随着气温的变化,可视砂浆流动度做适当增减。

3. 浮动耐火甲板敷料

(1)搅拌方法

首先将 A、B 两组分倒入搅拌机进行混合搅拌,然后添加规定的清水,搅拌成均匀的稠状物。

(2)施工程序

沿周壁铺设陶瓷棉分隔条。

紧接着铺设陶瓷棉板,拼缝紧密。

(3)注意事项

在施工作业中,各类搅拌好的敷料必须在 40 min 内敷设完毕。

整个敷设及养护期间，环境温度在5～30 ℃，高于或低于环境温度应采取降温或保暖措施。

施工后敷料必须养护1～2天，待固化后方可进入。

甲板敷料是水硬性凝结材料，其材料配比中水的添加量一般是在常温条件下的配比，随着气温的变化，可视砂浆流动度做适当增减。

4. 轻质甲板基层敷料

(1)搅拌方法

首先将B组分与C组分加入搅拌机进行搅拌，待混合均匀后再加入A组分进行搅拌，使之成为均匀稠泥状物即可投入施工。

(2)施工程序

将已搅拌好的敷料敷设在基层钢板上，用泥板将敷料在钢板上来回搓动，使钢板充分接触敷料促凝剂，然后用木质直尺将敷料刮平到规定厚度，经30 min左右，再用泥板压实、泥平，如表面稍干，可洒少量乳胶液再行泥平。

(3)注意事项

敷料中的乳胶液为高分子材料，故搅拌时不宜用搅拌机(器)搅拌，搅拌速度建议为34 r/min，搅拌时间为3～5 min。

整个敷设及养护期间，环境温度在5～30 ℃，高于或低于环境温度应采取降温或保暖措施。

施工后敷料必须养护1～2天，待固化后方可进入。

5. 轻质浮动耐火甲板敷料工艺过程

(1)搅拌方法

首先将A、B两组分倒入搅拌机进行混合搅拌，然后再添加规定的清水，搅拌成均匀的稠状物。

(2)施工程序

沿周壁铺设陶瓷棉分隔条。

紧接着铺设陶瓷棉板，拼缝紧密，镶嵌处用碎棉充填，不留空隙。

在陶瓷棉板上铺设防水薄膜，薄膜搭接宽度应不小于100 mm。

在防水薄膜上再铺设钢筋网，搭接宽度应不小于100 mm，且搭接层数最多不超3层，搭接处用镀锌铁丝扎紧固定。

将搅拌好的改性混凝土倒在钢筋网上，用木质直尺刮开拍实，在刮开同时将钢筋网提起5～10 mm，然后用泥板压平、泥光，敷设厚度达到30 mm。

待改性混凝土充分固化后，将沿周壁的陶瓷棉分隔条多余部分用割刀割除，并用密封胶密封。

(3)注意事项

在施工作业中，搅拌好的敷料必须在40 min内敷设完毕。

整个敷设及养护期间，环境温度在5～30 ℃，高于或低于环境温度应采取降温或保暖措施。

施工后敷料必须养护1～2天，待固化后方可进入。

甲板敷料系水硬性凝结材料，材料配比中水的添加量一般是在常温条件下的配比，随着气温变化，可视砂浆流动度做适当增减。

6. 轻质复合耐火甲板敷料工艺过程

(1)搅拌方法

面层:按 A、B 两组分配比搅拌混合后,加入规定的比例清水,待搅拌成均匀浆体后即可使用。

底层:首先将 B 组分倒入搅拌机,然后加入 50%总量的清水,待 B 组分搅拌湿法后再加入 A 组分和 50%总量的清水进行混合搅拌,使之成为均匀的“手捏成团”状态。

(2)施工程序

将已搅拌好的珍珠岩混凝土倒在基层钢板上,用木质直尺刮开、拍平,敷设厚度达到 30 mm,然后用泥板泥平。该层珍珠岩混凝土完工后,在常温下养护 48 h 以上,然后铺设钢筋网,钢筋网搭接宽度不少于 100 mm,且搭接层数最多不超过 3 层,搭接处用镀锌铁丝扎紧,钢筋网固定完后,即可将水泥砂浆敷设在钢筋网上,施工方法同前,敷设厚度达到 20 mm。

(3)注意事项

施工作业中,各类搅拌好的敷料必须在 40 min 内敷设完毕。

整个敷设及养护期间,环境温度宜在 5~30 ℃,高于或低于环境温度应采取降温或保暖措施。

施工后敷料必须养护 1~2 天,待固化后方可进入。

甲板敷料是水硬性凝结材料,材料配比中水的添加量一般是在常温条件下的配比,随着气温变化,可视砂浆流动度做适当增减。

7. A-60 级轻质耐火甲板敷料工艺过程

(1)搅拌方法

底层无机黏结剂:开启桶盖后,必须用搅拌器搅拌均匀。

把轻质骨料和预制粉料倒入搅拌机均匀后按比例摄入清水进行搅拌,材料湿法后,再倒入促进液继续搅拌,此时,根据敷料的稠度添加适量清水,待敷料混合成稠状物,即可投入敷设。

(2)施工工艺

将搅拌好的无机胶黏剂涂刷在清洁的钢甲板上,涂刷厚度控制在 0.5 mm 左右。

将搅拌好的敷料倒在涂刷有黏结层的钢甲板上,用刮尺均匀地刮开、拍实、泥平,敷设厚度为 40 mm。

紧接着用泥板消除表面波纹及接痕,泥光泥平,一般从里向外退出,直至整个舱室敷设结束。

(3)注意事项

涂刷无机黏结剂后,必须在指干后方可敷设轻质耐火甲板敷料。

搅拌好的敷料必须在 30 min 内敷设完毕。

在敷料骨料中配有针状钢纤维,在施工中注意劳动防范措施,切不可赤手握捏搅拌好的敷料。

敷设及养护期间,环境温度宜在 5~30 ℃范围内,高于或低于环境温度应采取降温或保暖措施。

施工后敷料必须养护 1~2 天,待固化后方可进入施工场地。

8. 流平甲板敷料工艺过程

(1)搅拌方法

将 A、B 两组分加入料桶中,用搅拌器搅拌成均匀浆体即可。

(2)施工程序

将搅拌好的流平敷料倒在敷料基层上,用泥板抹开,其厚度控制在 2~3 mm,待自然流动后成平整、光顺的表面。

(3)注意事项

流平敷料系快硬性材料,故搅拌及敷设过程宜控制在 15 min 内完成,建议现场现拌现敷。

敷料敷设温度为 0~30 ℃,夏季气温过高建议夜间施工。

施工后敷料必须养护 1 天,待固化后方可进入。

3.3.3　检验计划书编写

甲板敷料敷设前要编写检验计划书。

1. 技术资料

施工前,首先仔细阅读甲板敷料布置图、甲板敷料托盘表,必要时,要进行技术交底。

2. 物资材料

甲板敷料进厂前,必须取得船级社证书和产品形式证书,凡不符合质量检验认可的产品,不准上船敷设。

3. 施工条件

钢甲板必须进行火工校正,所有影响敷料敷设的安装和焊接工作均应结束。

清除基层钢甲板上的杂物,并按《船体二次除锈评定等级》(GB/T 3230—2011)中 P2 级除锈标准除锈。

甲板敷设的各种电缆、管系、预埋件等工作均须结束。

对于严重凹凸不平、有缺陷部位事先应进行嵌补和打磨。

吸水性强的甲板敷料基层应首先用水湿润。

施工场地光照较暗的位置应做好照明。

4. 甲板敷料检验

甲板敷料的陶瓷棉敷设。在施工作业中,各类搅拌好的敷料必须在 40 min 内完毕,紧接着铺设陶瓷棉板,拼缝紧密,镶嵌处用碎棉充填,不留空隙。

陶瓷棉板上铺设防水薄膜,薄膜搭接宽度应不小于 100 mm。在防水薄膜上再铺设钢筋网,搭接宽度应不小于 100 mm,搭接层数最多不超 3 层,搭接处用镀锌铁丝扎紧固定。

底层敷料、面层敷料敷设干燥后,其表面无龟裂。

甲板流平层干燥后,其表面应平整,要求 1 m 范围内存在±2 mm 误差。

3.3.4　敷料施工成本核算

按甲板层绘制各层甲板敷料安装图,如图 3-22 所示,统计各个舱室的面积。

对有梁拱的甲板应考虑舱室地面的找平,如图 3-23 所示。

列表统计各层甲板的甲板敷料及表面材料数量。

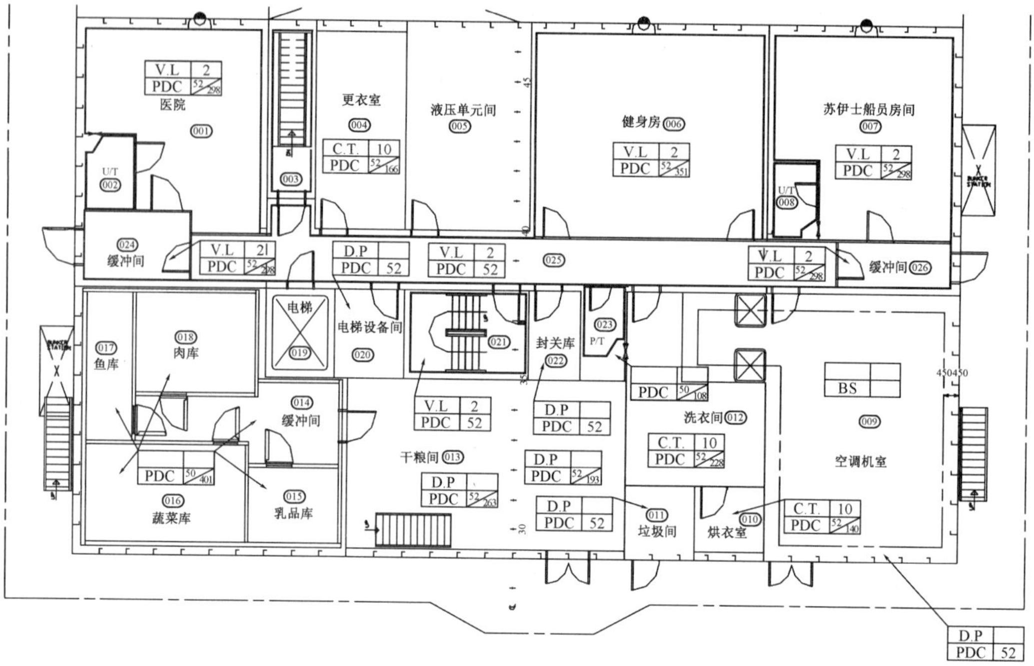

图 3-22　甲板的甲板敷料安装图

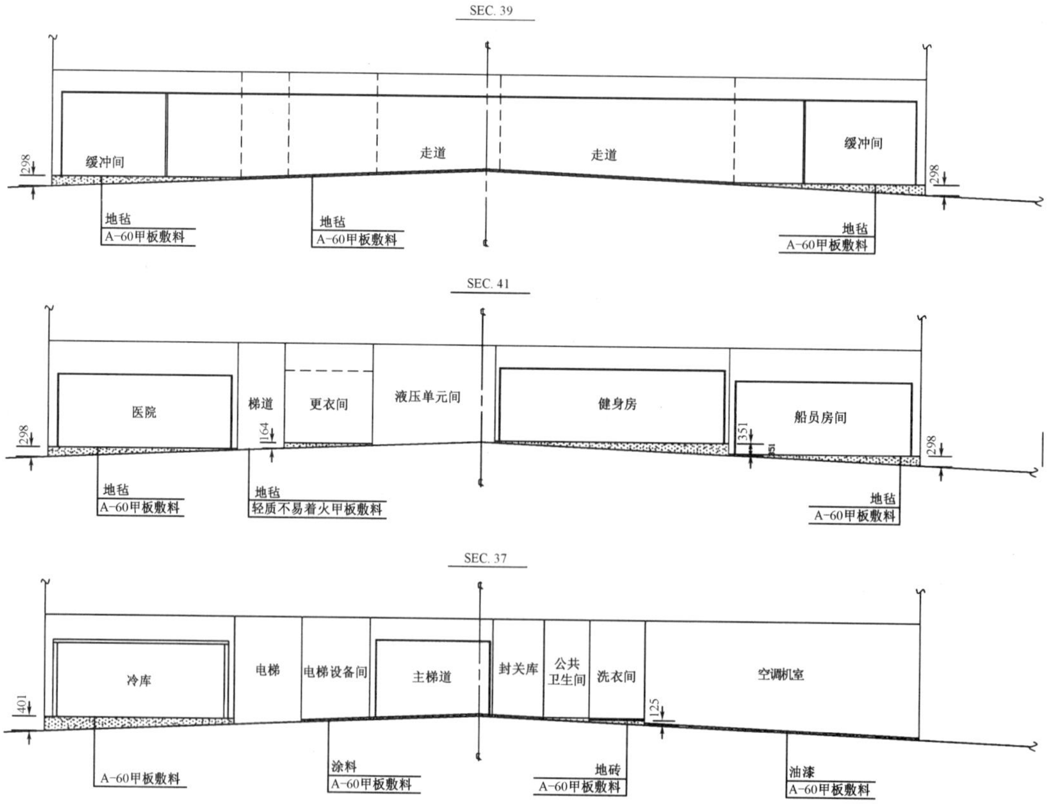

图 3-23　有梁拱甲板舱室地面找平图

任务 3.4　施工质量缺陷问题修正

3.4.1　疑难问题

在封舱过程中，封舱检查如图 3-24 所示。

3.4.2　质量缺陷

部分总段位置的材料为满足搭载计划，如果在甲板面找平及补漆未完成的情况下进行封舱，会影响该甲板面的找平及补漆工作。甲板面的找平及补漆工作如图 3-25 所示。

图 3-24　封舱检验

图 3-25　甲板面的找平及补漆工作

3.4.3　修正解决方法

临时解决方案：在找平及补漆工作前，安排分包商进行材料挪位。最终解决方案：优化施工工序，在材料封舱前，完成甲板找平、划线、补漆等一系列工作，如图 3-26 所示。

图 3-26　材料封舱前甲板找平、划线、补漆

另外,在施工过程中还需要注意考虑内装物资的进舱过程等,如图 3-27 所示。要增强安全意识,提高现场协调能力,能迅速解决运输路径上的障碍和干涉问题。在工装设计方面,一是注意保证连接处可靠且留有余量,可供现场操作,二是要将托盘侧边设置合理的安全带挂点。

(a) (b)

图 3-27　在施工过程中需要注意考虑内装物资的进舱过程

项目 4　邮轮供暖通风与空调系统

创造良好的空气环境条件(温度、湿度、洁净度等)对保障人们的健康,提高邮轮的舒适度,保障邮轮的正常运行都是非常重要的,完成这一任务是由通风与空调来实现的。本项目主要介绍通风与空调系统的基本概念、系统组成、原理、常用设备及附件,以及施工图识读。

任务 4.1　通 风 系 统

4.1.1　通风系统概述

通风是改善室内空气环境的一种重要手段。把室内污浊的空气直接或者净化后排至室外,再把新鲜的空气引进室内,从而保持室内的空气环境符合卫生标准。通风包括从室内排除污浊的空气和向室内补充新鲜的空气两个方面,其中前者称为排风,后者称为送风。将为实现排风和送风而采用的一系列设备、装置的总体称为通风系统。

1. 自然通风

结合邮轮的特定结构,依靠舱外风力造成的风压和舱内外温度差所造成的热压,使空气流动的通风系统称为自然通风。自然通风是由风压和热压共同作用形成的。

风压是由空气流动所形成的压力,在风压的作用下,室外空气通过迎风面的门缝、窗孔口进入室内,然后通过背风面的门缝、窗孔口排出,如图 4-1 所示。

热压作用是指由室内热空气密度小而上升排出,室外温度低而密度略大的空气不断补充进来所形成自然循环而达到通风换气的目的,如图 4-2 所示。

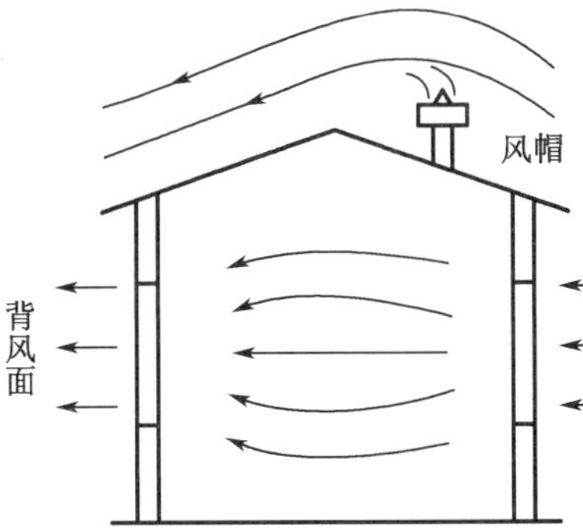

图 4-1　风压作用的自然通风图

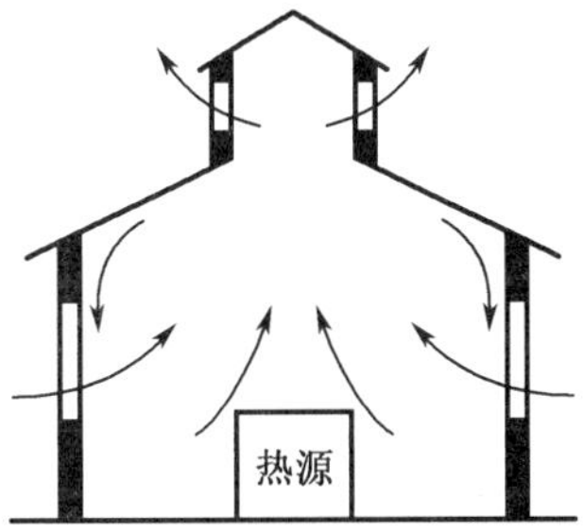

图 4-2　热压作用的自然通风

自然通风是一种不需要消耗机械动力,廉价的通风方式,在一定条件下可以得到很大的通风量,一般为得到满足要求的通风量,迎风面和背风面外墙开孔应占外墙总面积的25%以上,而且室内空气流动所受阻挡要少。但是自然通风受室外气象条件影响很大,通风难以有效控制,通风效果不稳定。

2. 机械通风

机械通风是利用通风机产生吸力或压力,并借助通风管道进行室内外空气交换的通风方式。机械通风系统可分为机械送风系统和机械排风系统,按照范围可分为全面通风、局部通风。

全面通风也称为稀释通风,是对整个房间进行通风换气。利用新鲜空气将整个房间内的有害物浓度降至最高允许浓度以下,同时不断地将污浊的空气排至室外。全面通风一般有全面送风(图 4-3)和全面排风(图 4-4)两种形式。

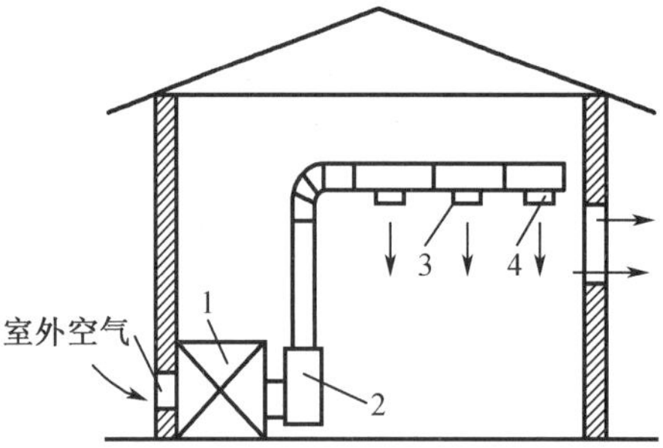

1—空气处理器;2—风机;3—送风口;4—风管。

图 4-3　全面送风系统图

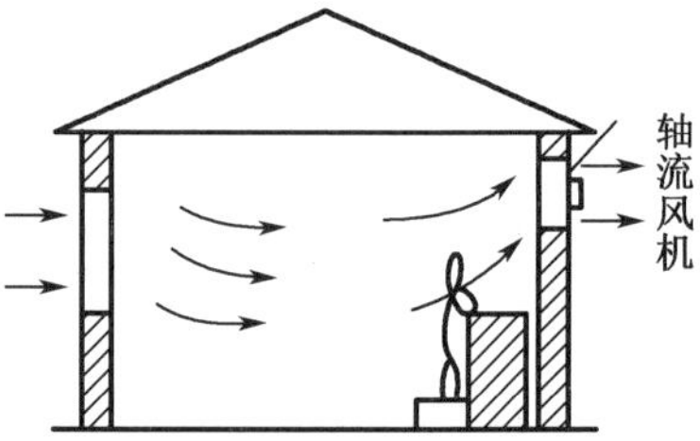

图 4-4　全面排风系统

局部通风是指为保证局部区域的空气环境,将新鲜空气直接送到该区域,或者将受到污染的空气与有害气体直接从产生地用排气罩排出室外,以防止其扩散到整个空间的通风方式。局部通风一般有局部送风(图 4-5)和局部排风(图 4-6)两种形式。

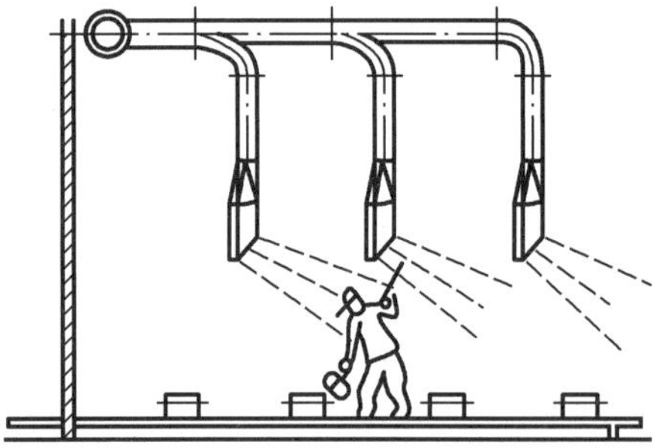

图 4-5　局部送风系统图

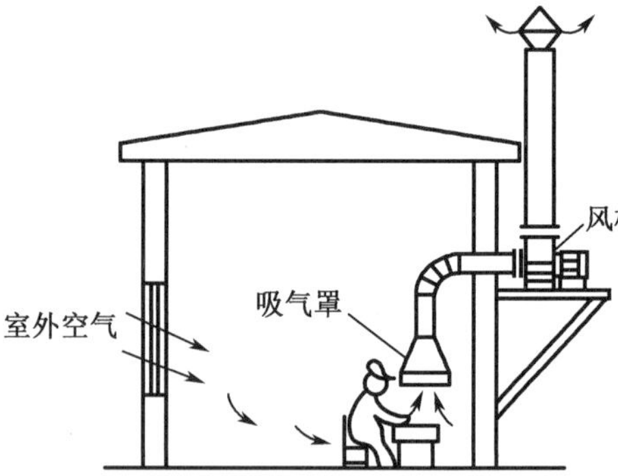

图 4-6　局部排风系统

4.1.2　防排烟

邮轮的功能复杂、设备繁多,特别是一些可燃和化学合成材料在装修上的普遍应用,更增加了火灾的隐患和对人们生命财产安全的威胁。邮轮一旦着火,楼梯间、电梯间、管道井等竖井的烟囱效应将助长火势蔓延;高层建筑的高度高、层数多、人员集中,因此进行疏散和扑救更为困难,易造成更大的财产损失和人员伤亡事故。为减少火灾造成的损失,邮轮应有完善的防火和排烟设施。

1. 防火分区和防烟分区

防火分区的划分通常由邮轮构造设计阶段完成,可分为水平防火分区和垂直防火分区。水平防火区分区之间一般用防火墙、防火门和防火卷帘作为隔断;垂直分区用耐火楼板作为隔断。

防烟分区应在防火分区内划分,不得跨越防火分区。一般用挡烟垂壁、隔墙或者从顶棚下突出不小于 0.50 m 的梁划分防烟分区。挡烟垂壁可利用消防控制中心远程控制或现场人工将其放下,各防烟分区内分别设置一个排烟口,可手动开启或者远程自动控制,设置在顶棚上或者墙壁上半部的排烟口到防烟分区内各点的距离应在 30 m 内。

2. 防排烟措施

防排烟的基本原则是防止烟气进入疏散通道,在防烟区内,利用排烟设备把烟气围住并及时采用相关排烟措施将烟气排走。

(1)自然排烟

自然排烟是利用热烟气产生的浮力、热压或室外风力的作用将烟气排出室外。其优点是不需要动力、投资少、维护管理简单,但是缺点是受室外风力影响较大,排烟效果不稳定。主要方式有利用外窗或专设的排烟口排烟,利用竖井排烟两种方式。

(2)机械排烟

机械排烟是利用排烟风口、排烟风道和排烟风机将烟气排出。其优点是不受外界风力的影响,烟气能及时有组织地排除舱外,且排烟风道截面小,但是缺点是设施费用高、需经常保养维修及预备备用电源。

(3)机械加压送风防烟

机械加压送风防烟是将舱外不含烟气的空气加压送至室内特定区域,使得该区域的空气压力保持一定的正压略高于室外,从而阻止烟气的侵入,保证疏散通道的安全。

(4)密闭防烟

对于面积较小,楼板耐火性能较好、密闭性好,并采用防火门的房间,可采用关闭防火门的措施使火灾与周围隔绝缺氧而熄灭。

任务 4.2　空 调 系 统

4.2.1　空调系统概述

空气调节就是利用人工的方法把某种特定空间内部的空气环境控制在一定状态下,使其满足空间需求,改善空间环境条件。一般就是对空气进行加热、冷却、干燥、加(减)湿和净化等方式处理,使得空气的温度、湿度、洁净度、流速度(简称“四度”),以及压力、噪声等满足室内要求。

空调系统的类型有很多,常用的分类方法有两种。

1. 按处理空调负荷的介质分类

(1)全空气系统

完全由处理过的空气作为承载空调负荷的介质向室内提供冷量或热量。该系统要求风道断面较大或风速较高,因此会占据较多的空间。

(2)全水系统

完全由处理过的水作为承载空调负荷的介质向室内提供冷量或热量。该系统管道所占建筑空间较小,但是无法解决房间的通风换气,通常不单独使用。

(3)空气-水系统

由处理过的空气承担部分空调负荷,再由水承担其余部分负荷的系统向室内提供冷量或热量。其中风机盘管加新风系统是该类的常见模式。该系统既可以减少对建筑空间的占用,同时又可保证房间内的新风换气要求。

(4)制冷剂系统

由制冷剂直接作为承载空调负荷的介质向室内提供冷量或热量。分散安装的空调器内部带制冷剂,制冷剂通过直接蒸发器与室内空气进行热湿交换,达到冷却除湿的目的。因制冷剂不宜长距离输送,故不宜作为集中式空调系统使用。

2. 按空气处理设备集中程度分类

(1)集中式空调系统(图 4-7)

空气处理设备(过滤器、冷却器、加热器、加湿器等)集中设置在空调机房内,空气经过集中处理后,经风道送入各个房间的系统。

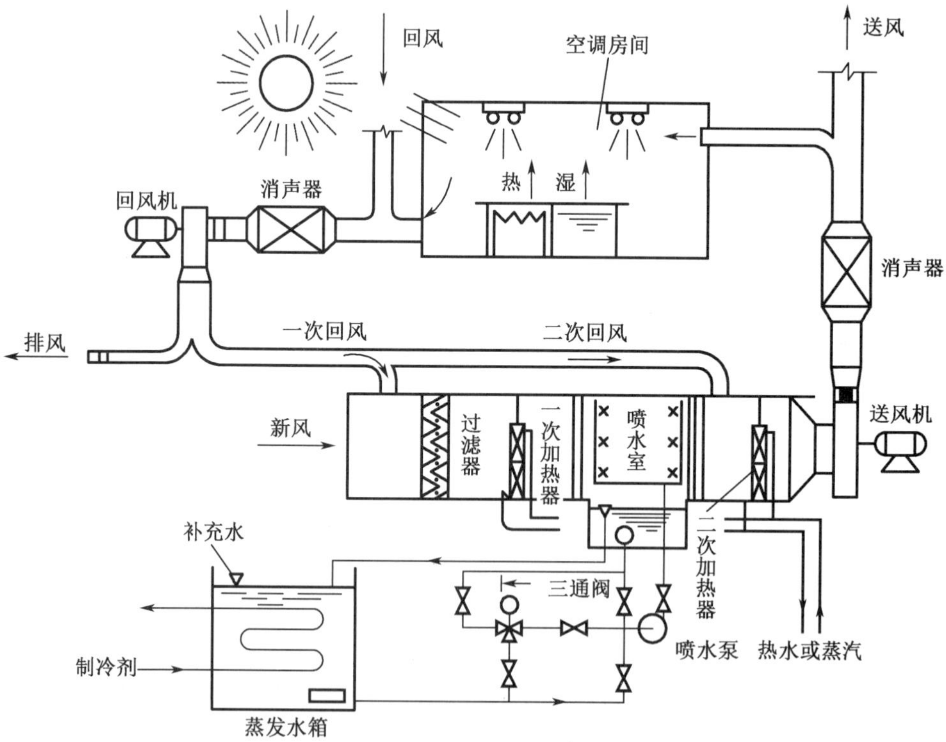

图 4-7　集中式空调系统示意图

(2)半集中式空调系统

在空调机房集中处理部分或全部风量,然后送往各个房间,由分散在各个被调房间内的二次设备(又称为末端装置)再进行处理的系统。

(3)分散式空调系统(也称局部系统)

不设集中空调机房,而是把冷热源、空气处理设备与风机整体组装后的空调器直接设置在被调房间内或被调房间附近,控制局部、一个或几个房间空气参数的系统。

4.2.2　空调系统的组成

空调系统一般由处理空气、输送空气、向室内分配空气以及运行调节等四个基本部分组成。在邮轮上,一般采用集中式空调系统,如图 4-7 所示。室外空气(新风)和来自空调房间的一部分循环空气(回风)进入空气处理室,经混合后进行过滤除尘,以及冷却、减湿或者加热、加湿等处理,达到符合要求的状态,然后由风机送入各空调房间。送入室内的空气吸收余热、余湿及其他有害物后,通过排风设备排至室外,为节约能量,由回风管吸收部分回风循环使用。但邮轮上医务室、公共卫生间、洗衣间及厨房配餐间等回风不能循环使用,应直接排至开敞甲板,且这些场所中的每一类或每一区域的排气应相互独立。

任务 4.3　常用设备及附件

4.3.1　风机

风机是通风系统中的主要设备,为通风系统提供动力,以克服风道、其他设备、附件等产生的空气流动阻力。常用的风机有离心式风机和轴流式风机两种类型。

离心式风机是借助风机叶轮旋转时所产生的离心力使气体获得压能和动能的,风机的吸气口和出气口方向是垂直的。主要由叶轮、机壳、机轴、吸气口、调节挡板,以及轴承和底座等部件组成,如图 4-8 所示。

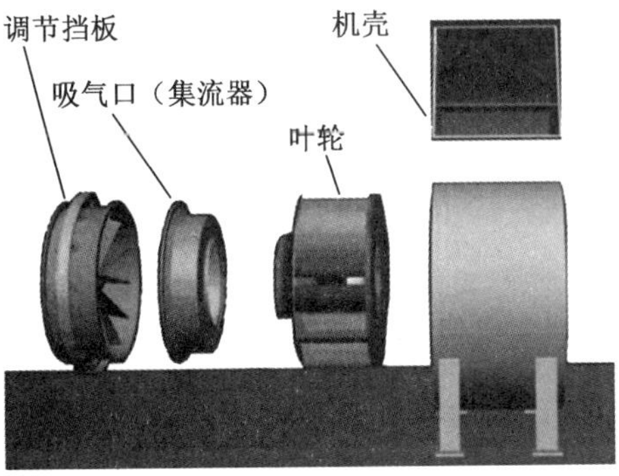

(a)

(b)

图 4-8　离心式风机

轴流式风机是电动机带动叶片旋转时,由空气产生一种推力,促使空气沿轴向流入圆筒形机壳,并与机轴平行方向排出。主要由圆筒形机壳、叶轮、电机等组成,如图 4-9 所示。

输送气体用的中、大型离心式风机应该装在基础支撑上,轴流风机通常安装在风道中间或墙洞中。在风管中间安装时,可将风机装在角钢支架上,并将支架固定在墙上、柱上或者板下。对于有隔振特殊要求的应做相应的减振处理。风机进出口与管道相连接时采用柔性短管相连接,以消除风机的振动对风管的影响,柔性软管一般用帆布制作。

图 4-9 轴流式风机

4.3.2 风管

风管是空气输配系统的主要组成部分之一,对于通风与空调系统而言,风管的尺寸对邮轮空间的使用与布置有重大影响。风管内风速的大小与风管的敷设情况不仅影响通风、空调系统空气输配的动力消耗,而且对邮轮的噪声起着决定性作用。

1. 风管的形状及材料

风管的选择一般要从形状和材料两个方面考虑。一般风管的形状有圆形和矩形两种,圆形风管阻力大,耗钢量小,但占有效空间大,管道中弯头、三通较大,不易布置,影响美观;矩形风管阻力小、耗钢量省,占有效空间较小、宜布置,明装较为美观。

风管材料选择时应考虑经济、适用、管内壁光滑、便于安装等因素。一般空调系统的风管采用涂漆的薄钢板或镀锌钢板制作,由于近年来玻璃钢材料的防火阻燃性能得到很大改善,部分场所风管也可以采用该种材料。

2. 风管的布置与敷设

风管布置应与邮轮内各空间的功能密切配合,风管应尽量短,一般采用吊架架空或支架支撑,在风管易积灰处应设密闭的清扫孔。风管布置安装应符合以下原则:

(1)风道应布置整齐、美观、便于检修及测试,避免与工艺设备和邮轮主体构造相冲突。同时,应考虑各种管道的装拆方便。

(2)风道布置应尽量减少其长度以及不必要的弯头,这样可以减小系统阻力。同时弯管的中心曲率半径应不小于风管直径或边长,通常采用1.25倍直径或边长。对于大断面风道,为减少阻力,还可以做导流叶片。

(3)钢板风管各段之间采用法兰连接,法兰间应放置具有弹性的垫片,如橡皮、海绵橡胶、浸油纸板等,以防止漏风。较长的风管应采用角钢加固,钢板风管内外表面均应涂刷防锈漆。

(4)不在空调房间内的送、回风管以及可能在外表面结露的新风管均需进行保温。保温材料应采用热阻大、质量轻、不易腐蚀和不易燃烧的材料。如聚苯乙烯泡沫塑料板、岩棉板等。

4.3.3 阀门

阀门是安装在风道内或通风口上,可以调节风量、关闭风道与风口、平衡通风系统压力等。常用的风阀有插板阀、蝶阀、多叶调节阀、防火阀等。

1. 插板阀

抽动手柄以改变闸板位置,从而可调节风量,而且关闭时严密性好(图4-10)。

2. 蝶阀

转动阀板的角度即可达到调节风量的目的。多设置于分支管上或风口前,严密性差,不宜用作关断(图 4-11)。

图 4-10　插板阀

图 4-11　蝶阀

3. 对开式多叶调节阀

转动手柄,通过连杆机构使叶片转动角度,调整开启度的大小来调节风量。用于主风道上调节风量(图 4-12)。

4. 防火阀

当火灾发生时,切断气流通路,防止火势沿风管蔓延(图 4-13)。

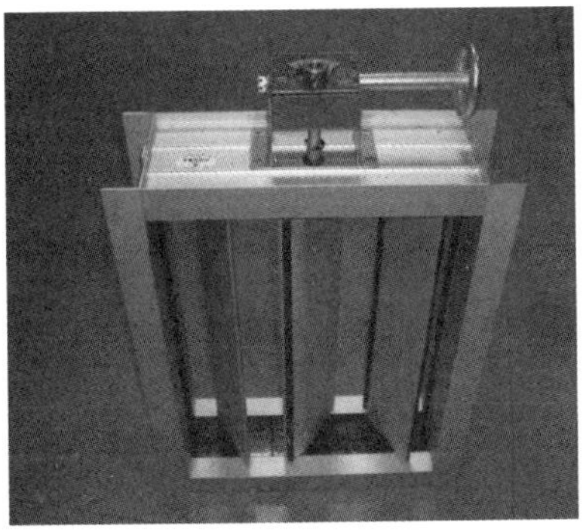

图 4-12　对开式多叶调节阀

图 4-13　防火阀

4.3.4 送风口、排风口

1. 送风口

送风口也称为空气分布器,一般按照安装位置可分为侧送风口、顶送风口、地面送风口等。

(1)侧送风口

侧送风口通常装于管道或侧墙上,向房间横向送入气流,最常见的有格栅送风口、条缝型送风口、百叶送风口(图 4-14 至图 4-16)。

图 4-14　格栅送风口

(2)散流器

散流器是装在顶棚上的一种送风口,它具有诱导室内空气使之与送风射流迅速混合的特性。根据它的形状可分为圆形散流器和方形散流器(图 4-17)。

图 4-15　条缝型风口

图 4-16　单层百叶风口和双层百叶送风口

(3)孔板送风口

孔板送风口是将空气送入顶棚上面的稳压层中,在稳压层静压力的作用下,空气通过顶棚上的圆形或条缝型小孔均匀地进入房间。孔板上部设稳压层,可用顶棚上部空间作为稳压层,也可另设静压箱(图 4-18)。

(4)喷射式送风口

喷射式送风口简称喷口,其主要部件是射流喷嘴,通过它将气流喷射出去。通常在高大空间用作侧送风口(图 4-19)。

(5)旋流式送风口

旋流式送风口能送出旋转射流,可以用于大风量、大温差送风,可以减少风口数量(图 4-20)。

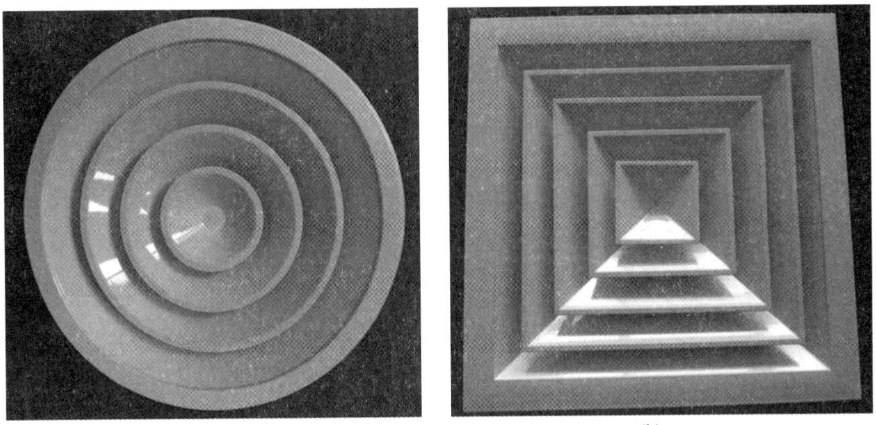

(a)　　(b)

图 4-17　圆形和方形散流器

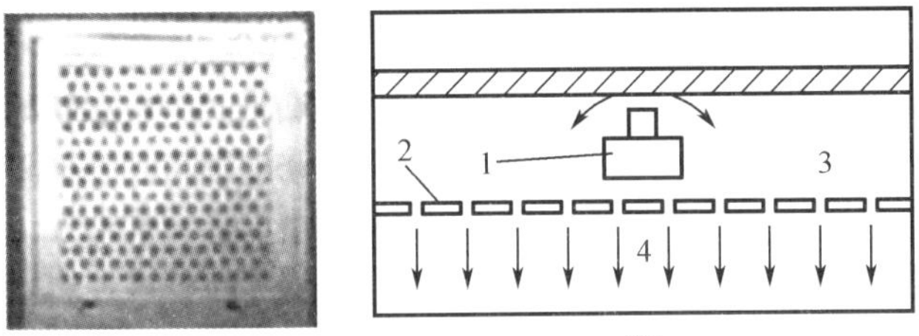

(a)　　(b)

1—送风管道;2—孔板;3—静压箱;4—气流。

图 4-18　孔板送风口

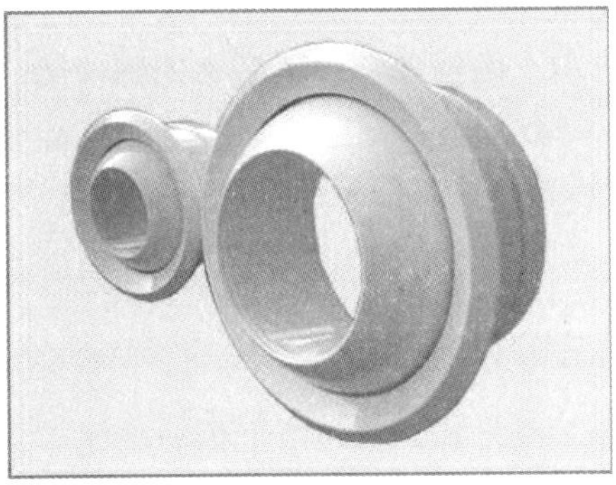

图 4-19　喷口

图 4-20　旋流式送风口

2. 排风口

室内排风口又称吸风口,在局部排风系统中又称为局部排风罩。其作用就是收集一次气流,隔断一两次气流间的干扰。其目的是通过排风罩控制气流的运动,来控制有害物在室内的扩散和传播。

室内排风口(图 4-21)一般没有特殊要求,其形式种类较少,室内排风口的形式主要有密闭罩、柜式排风罩、接受式排气罩、百叶排风口。民用建筑通常多采用单层百叶式排风口,有时也采用水平排风管道上开孔的孔口排风形式。

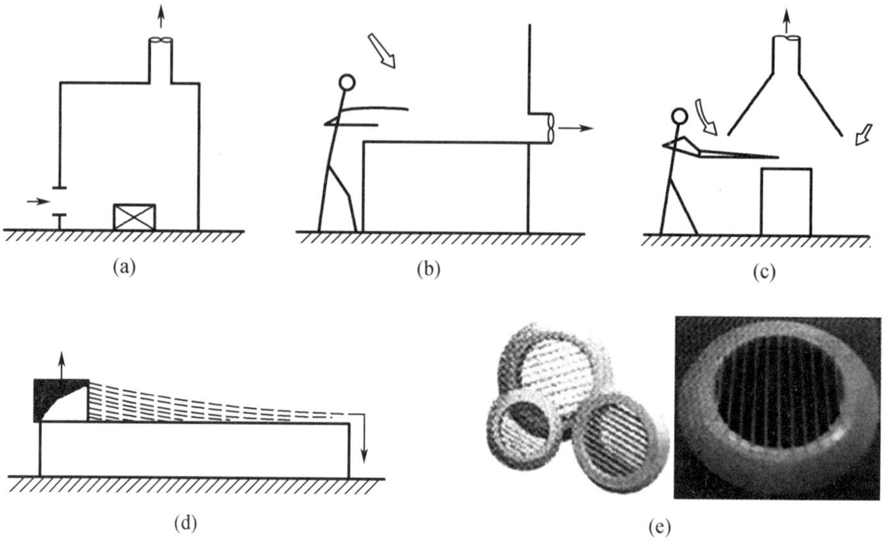

图 4-21　室内排风口

任务 4.4　邮轮通风与空调系统施工图识读

4.4.1　通风与空调系统施工图的构成

通风与空调工程施工图一般由两大部分组成,即文字说明部分和图纸部分。文字说明部分包括图纸目录、设计施工说明、设备与主要材料表。图纸部分包括基本图和详图。基本图包括空调通风系统的平面图、剖面图、系统图、原理图等;详图包括系统中某局部或部件的放大图、加工图、施工图等。如果详图中采用了标准图或其他工程图纸,在图纸目录中必须附有说明。

1. 文字说明部分

(1)图纸目录

图纸目录包括在工程中使用的标准图纸或其他工程图纸目录和该工程的设计图纸目录。在图纸目录中必须完整地列出该工程设计图纸名称、图号、工程号、图幅大小、备注等。

(2)设计施工说明

设计施工说明包括采用的气象数据、空调通风系统的划分及具体施工要求、图例等。有时还附有风机、水泵、空调箱等设备的明细表。

具体包括以下内容:

①需要空调通风系统的建筑概况。

②空调通风系统采用的设计气象参数。

③空调房间的设计条件。包括冬季、夏季的空调房间内空气的温度、相对湿度(或湿球温度)、平均风速、新风量、噪声等级、含尘量等。

④空调系统的划分与组成。包括系统编号、系统所服务的区域、送风量、设计负荷、空调方式、气流组织等。

⑤空调系统的设计运行工况(只有要求自动控制时才有)。

⑥风管系统。包括统一规定、风管材料及加工方法、支吊架要求、阀门安装要求、减振做法、保温等。

⑦水管系统。包括统一规定、管材、连接方式、支吊架做法、减振做法、保温要求、阀门安装、管道试压、清洗等。

⑧设备。包括制冷设备、空调设备、供暖设备、水泵等安装要求及做法。

⑨油漆。包括风管、水管、设备、支吊架等的除锈、油漆要求及做法。

⑩调试和试运行方法及步骤。

⑪应遵守的施工规范、规定等。

(3)设备与主要材料表

设备与主要材料的型号、数量一般在"设备与主要材料表"中给出。一般小型工程中，设备表和材料表会统一作为一份表格出现，但是在大型工程的施工图当中，由于使用的设备和材料众多，一般都会将设备表和材料表分开。

设备表主要是对本设计选用的主要运行设备进行描述，其组成主要有设备科学称谓、在图纸中的图例标号、设备性能参数、设备主要用途和特殊要求等内容。

2. 图纸部分

(1)平面图

平面图包括建筑物各层面各空调通风系统的平面图、空调机房平面图、冷冻机房平面图等。

①空调通风系统平面图

空调通风系统平面图主要说明空调通风系统的设备、系统风道、冷热媒管道、凝结水管道的平面布置。它的内容主要包括风管系统、水管系统、空气处理设备、尺寸标注等。

此外，对于引用标准图集的图纸还应注明所用的通用图、标准图索引号。对于恒温恒湿房间，应注明房间各参数的基准值和精度要求。

②空调机房平面图

空调机房平面图一般包括以下内容：

①空气处理设备。注明按标准图集或产品样本要求所采用的空调器组合段代号，空调箱内风机、加热器、表冷器、加湿器等设备的型号、数量，以及该设备的定位尺寸。

②风管系统。用双线表示，包括与空调箱相连接的送风管、回风管、新风管。

③水管系统。用单线表示，包括与空调箱相连接的冷、热媒管道及凝结水管道。

④尺寸标注。包括各管道、设备、部件的尺寸大小和定位尺寸。

其他还有消声设备、柔性短管、防火阀、调节阀门的位置尺寸等。

③冷冻机房平面图

冷冻机房与空调机房是两个不同的概念。冷冻机房内的主要设备为空调机房内的主要设备，即空调箱提供冷媒或热媒。也就是说，与空调箱相连接的冷、热媒管道内的液体来自冷冻机房，最终又回到冷冻机房。因此，冷冻机房平面图的内容主要有制冷组的型号与台数、冷冻水泵和冷凝水泵的型号与台数、冷(热)媒管道的布置,以及各设备、管道和管道上的配件(如过滤器、阀门等)的尺寸大小和定位尺寸。

(2)剖面图

剖面图是用于说明平面图上无法表明的情况,表达设备空间位置的图。因此,与平面图相对应的空调通风施工图中,主要有空调通风系统剖面图、空调通风机房剖面图和冷冻机房剖面图等。其中剖面和位置,在平面图上都有说明。剖面图上的内容与平面图上的内容是一致的,但剖面图上还标注有设备、管道及配件的高度。

(3)系统图(轴测图)

系统图上包括该系统中设备、配件的型号、尺寸、定位尺寸、数量,以及连接于各设备之间的管道在空间的曲折、交叉、走向和尺寸、定位尺寸等。系统图上还应注明该系统的编号。系统图可以用单线绘制,也可以用双线绘制。

(4)原理图

原理图一般为空调原理图,它主要包括系统的原理和流程;空调房间的设计参数、冷热源、空气处理和输送方式;控制系统之间的相互关系;系统中的管道、设备、仪表、部件;整个系统控制点与测点间的联系;控制方案及控制点参数;用图例表示的仪表、控制元件型号等。

(5)详图

空调通风工程施工图所需要的详图较多,有设备、管道的安装详图,设备、管道的加工详图,设备、部件的结构详图等。部分详图有标准图可供选用。

在阅读这些图纸时,还需注意以下几点:

①空调通风平、剖面图中的建筑与相应的建筑平、剖面图是一致的,空调通风平面图是在本层顶棚以下按俯视图绘制的。

②空调通风平、剖面图中的建筑轮廓线只是与空调通风系统有关的部分(包括有关的门、窗、柱等建筑构配件的轮廓线),还有各定位轴线编号、间距以及房间名称。

③空调通风系统的平、剖面图和系统图可以按邮轮分层绘制,或按系统分系统绘制,必要时对同一系统可以分段进行绘制。

4.4.2 空调通风施工图的特点

1. 空调通风施工图的图例

空调通风施工图上的图形不能反映实物的具体形象与结构,它采用了国家规定的统一的图例符号来表示。阅图前,应首先了解并掌握与图纸有关的图例符号所代表的含义。

2. 风、水系统环路的独立性

在空调通风施工图中,风管系统与水管系统(包括冷冻水、冷却水、冷凝水系统)按照它们的实际情况可能出现在同一张平、剖面图中,但是在实际运行中,风系统与水系统具有相对独立性。因此,在阅读施工图时,首先将风系统与水系统分开阅读,然后综合起来。

3. 风、水系统环路的完整性

空调通风系统,无论是水管系统还是风管系统,都可以称为环路。风、水管系统总是有一定来源,并按一定方向,通过干管、支管,最后与具体设备相连接,在多数情况下又将回到它们的来源处,形成一个完整的系统。在读图时,可以从冷水机组开始阅读,也可以从空调设备处开始,直至经过完整的环路又回到起点。

对于风管系统，可以从空调箱处开始阅读，逆风流动方向看到新风口，顺风流动方向看到房间，看回风干管、空调箱，再看回风干管到排风管。排风口这一支路，也可以从房间处看起，研究风的来源与去向。

4. 空调通风系统的复杂性

空调通风系统中的主要设备，如冷水机组、空调箱等其安装位置由邮轮构造决定，这使得风管系统与水管系统在空间的走向往往纵横交错，在平面图上很难表示清楚。因此，空调通风系统的施工图中除了大量的平面图、立面图外，还包括许多剖面图与系统图，读懂图纸需要会识读该类图纸。

5. 与结构施工的密切性

空调通风系统中的设备、风管、水管及许多配件的安装需要建筑结构来容纳与支撑。因此，在阅读空调通风施工图时，要查看有关图纸密切与结构配合，并及时对结构施工提出要求。

4.4.3 空调通风施工图的识图方法与步骤

1. 阅读图纸目录

根据图纸目录了解工程图纸的概况，包括图纸张数、图幅大小及名称、编号等信息。

2. 阅读施工说明

根据施工说明了解工程概况，包括空调系统的形式、划分及主要设备布置等信息。确定哪些图纸代表着工程的特点，属于工程中的重要部分。

3. 阅读有代表性的图纸

在空调通风施工图中，有代表性的图纸基本上都是反映空调系统布置、空调机房布置、冷冻机房布置的平面图。因此，空调通风施工图的阅读基本上是从平面图开始的，先是总平面图，然后是其他的平面图。

4. 阅读辅助性图纸

对于平面图上没有表达清楚的地方，就要根据平面图上的提示（如剖面位置）和图纸目录找出该平面图的辅助图纸进行阅读，包括立面图、侧立面图、剖面图等。对于整个系统，可参考系统图。

5. 阅读其他内容

在读懂整个空调通风系统的前提下，再进一步阅读施工说明、设备及主要材料表，了解空调通风系统的详细安装情况，同时参考加工、安装详图，从而完全掌握图纸的全部内容。

项目 5　邮轮内装弱电初识与终端电气识读

任务 5.1　电 气 安 全

5.1.1　电气安全的含义和重要性

当人体接触带电设备，或接触不同电位的两点时，就会有电流流过人体，危及生命安全，经常发生的触电形式有单相触电、两相触电和跨步电压触电。人们常说的触电一般是指电流流过人体，对人体造成伤害，也叫作电击。

危险程度与以下多种因素有关：

(1) 流经人体的电流；

(2) 人体电阻；

(3) 作用于人体的电压；

(4) 触电时间；

(5) 电流路径；

(6) 电流性质。

5.1.2　电气安全措施

决定触电伤害程度的主要因素有两个：触电电流的大小和触电时间的长短。

保证电气安全的措施如下：

(1) 加强电气安全教育；

(2) 严格执行安全工作规程；

(3) 加强维护和检修试验工作；

(4) 采用电气安全用具；

(5) 采用漏电保护装置。

电流动作型漏电保护器工作原理示意图如图 5-1 所示。

5.1.3　电气防火和防爆

1. 产生电气火灾和爆炸的原因

(1) 电气设备或导体过流造成的过热。电力系统正常运行时不会产生过热，当流过导体的电流超过正常值时，产生的热量不能很快散发到周围，使电气设备和导体过热。

(2) 电路中局部电阻增大也会导致电气某装置局部过热，如开关触点接触不紧密，导线连接过松等。

(3) 由电火花、电弧引起。开关通断、电路短路和接地故障等都会产生电火花或电弧。

(4) 散热不良。由各种电气设备在设计和安装时的散热或通风不好所引起。

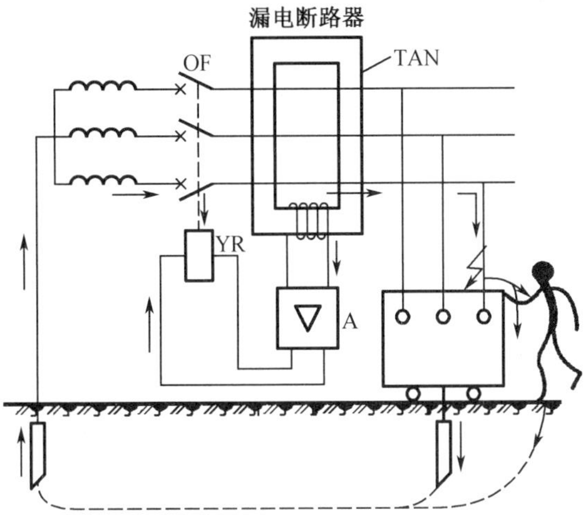

TAN—零序电流互感器;A—放大器;YR—脱扣器;QF—低压断路器。

图 5-1　电流动作型漏电保护器工作原理示意图

2. 电气防火和防爆的措施

由于电气火灾和爆炸的原因往往是多种因素的集合,所以防火和防爆措施也是综合性的措施。

(1)根据不同的使用环境和危险程度合理选择电气设备和电气线路。

(2)电气设备要正确安装,包括防火间距、密封、通风、接地等。

(3)保证电气设备的正常运行。

3. 电气灭火特点

电气灭火有如下两个特点:一是着火后电气设备可能是带电的,如不注意可能引起触电事故;二是有些电气设备本身含有大量的油,可能发生喷油,甚至爆炸事故。

(1)带电灭火安全要求。有时为了争取灭火时间,来不及断电或因其他原因不允许断电,则需带电灭火。带电灭火需注意以下几点:

①选择适当的灭火剂。二氧化碳、二氟一氯一溴甲烷及干粉灭火器的灭火剂都是不导电的,可用于带电灭火。

②采用喷雾水枪。这种水枪通过水柱的泄漏电流较小,带电灭火比较安全。

③人体与带电枪之间保持必要的安全距离。

(2)充油设备灭火要求。充油设备起火有较大的危险性,如果只在设备外部起火,可用二氧化碳、干粉等灭火器带电灭火。如果火势较大,应切断电源,并可用水灭火。如果油箱被破坏,喷油燃烧,除切断电源外,有事故储油坑的应设法将油放进储油坑,坑内和地上的油火可用泡沫扑灭,要防止燃烧着的油流入电缆沟,电缆内的油只能用泡沫覆盖扑灭。

5.1.4　触电及防护

在供用电工作中,为了防止触电,必须采取防护措施,并使用安全用具。

携带式电工安全用具主要有基本安全用具、辅助安全用具和检修安全用具三种。

基本安全用具包括绝缘拉杆或绝缘钳,它直接与带电体接触,具有绝缘和操作的作用;

辅助安全用具包括绝缘手套、绝缘靴、绝缘垫和绝缘台等,它不直接与带电体接触,只加强基本安全用具的保安作用,或用来防止跨步电压触电或电弧烧伤,或用来加强操作人员的操作安全。

检修安全用具包括临时接地线、临时遮栏、临时隔板、临时围栏、标志牌、防烧伤用具及登高安全用具等。

1. 绝缘拉杆的结构及使用方法

绝缘拉,简称拉杆,又叫绝缘杆、操作杆或拉闸杆。一般用浸过漆的优良木材、电木、胶木、塑料、环氧玻璃布棒、环氧玻璃管制成。从构造上可分工作部分、绝缘部分和握手部分,如图 5-2 所示。

1—工作部分;2—绝缘部分;3—隔离环;4—握手部分。

图 5-2 绝缘拉杆结构示意图

2. 绝缘钳的结构及使用方法

绝缘钳的形状如图 5-3 所示,包括工作部分、绝缘部分和握手部分,并且均由绝缘材料制成,如电木、胶木或亚麻仁油浸煮过的优质木材制成。工作部分是一个强力的夹钳,并有两个圆形钳口,用来夹持高压熔断器以便安装或取下;绝缘部分和握手部分与拉杆要求一样。

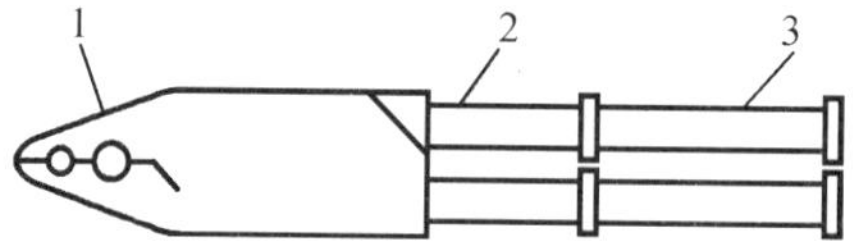

1—工作部分;2—绝缘部分;3—握手部分。

图 5-3 10 kV 绝缘钳示意图

3. 辅助安全用具的使用及注意事项

(1)绝缘手套

绝缘手套是按其绝缘等级划分的,12 kV 的绝缘手套在 1 kV 以上使用时,只能作为辅助安全用具,不得触及带电体。

(2)绝缘靴

绝缘靴一般有三种,并按其绝缘等级划分。

20 kV 绝缘短靴是一种胶面胶靴,一般为黑色,在 1~220 kV 作为辅助安全用具,不得触及高压带电体。

6 kV 矿用长筒绝缘靴是一种胶面胶靴,黑色,是适用于矿山井下操作 660 V 及以下电气的辅助安全用具,同时应防止矿工脚下触电。

5 kV 电工绝缘鞋是一种布面胶鞋,一般为军绿色,适用于电工穿用,作为 1 kV 以下作业的辅助安全用具,在室外也可防跨步电压,1 kV 以上严禁使用。

(3)绝缘垫

绝缘垫即绝缘胶板、绝缘板,一般由橡胶制成,厚度不小于 5 mm,表面有防滑条纹。

(4)绝缘台

用干燥且木纹直、无节疤的优质木条制成。

4. 临时接地线及其使用方法

临时接地线由不小于 25 mm^2 截面积的多股软铜线和接线卡组成,如图 5-4 所示。

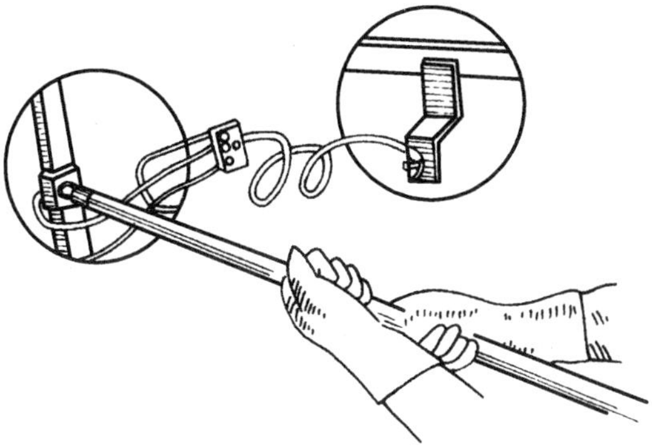

图 5-4　临时接地线的使用

临时接地线的作用有三点:一是当高压线路或设备停电检修时,为了防止突然送电,应将电源侧的三相架空线或母线用接地线临时接地;二是防止相邻高压线路或设备对停电线路或设备产生感应电压对人身造成危害,或者停电检修设备或线路可能产生感应电压而造成危害,应将停电的线路或设备的有关部位用接地线临时接地,如图 5-5 所示;三是在停电后的设备上作业时,应用临时接地线将设备上的剩余电荷对地放掉,也就是放电。

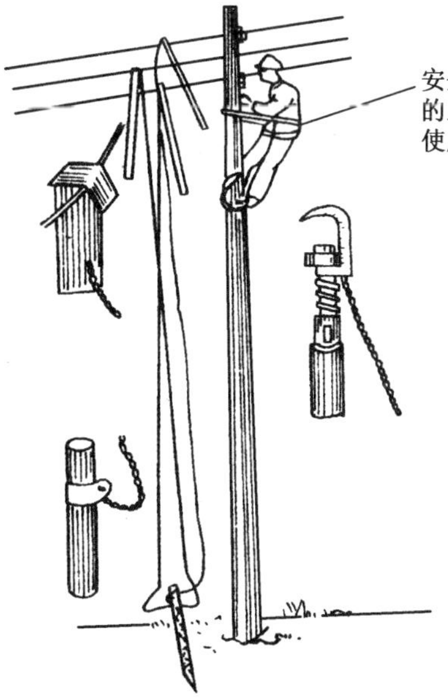

图 5-5　临时接地线在架空线路上的使用

5. 临时遮栏及其使用方法

临时遮栏应用干燥的优质木材或其他绝缘材料制成,高度不小于 1.7 m,下边缘离地面应不大于 100 mm,遮栏的设置必须牢固稳定、不易斜倒,所在的位置不应影响正常作业(图 5-6)。

图 5-6 遮栏的结构示意图

6. 绝缘隔板及其使用方法

绝缘隔板又称绝缘挡板,就是绝缘板,用绝缘材料制成,其必须有良好的绝缘性能,形状及大小由适用而定,制成后的绝缘板必须经耐压试验,试验结果合格后方可使用,试验电压应符合固体有机绝缘的规定。

7. 围栏绳的设置及注意事项

围栏绳一般采用绝缘性能和力学性能良好的尼龙绳或植物纤维绳,设置在检修作业地点的周围,上面悬挂一定数量的“三星小红旗”和“止步、高压危险!”的标志牌,作为临时遮栏的辅助措施,主要是防止非电气操作人员进入检修现场,并提醒人们的注意。

8. 标志牌及其使用

(1)停电检修设备时,应在配电室内控制该设备的电源控制柜的开关和隔离开关操作手柄上挂上“禁止合闸,有人工作!”的标志牌。开关或隔离开关的操作手柄设在室外时,应将标志牌挂在室外。

(2)停电检修线路时,应在配电室内控制该线路的电源控制柜的开关或隔开关操作手柄上挂上“禁止合闸,线路有人工作!”的标志牌。

(3)室外或室内检修作业地点或被检修的设备上应悬挂“在此工作”的标志牌。

(4)检修作业地点临近带电设备的遮栏上,室外检修作业的围栏上,禁止通行的过道上(该过道有碍于检修作业),高压试验地点,作业地点临近带电设备的横梁上等部位均应悬挂“止步,高压危险!”的标志牌。

(5)作业人员上、下的铁架或梯子上,应悬挂“从此上下”的标志牌。

(6)作业人员上、下铁架附近可能误登的其他铁架上和运行中变压器的梯子上应悬挂“禁止攀登,高压危险!”的标志牌。

(7)已接地的线路或设备的隔离开关操作手柄上应悬挂“已接地”的标志牌。

(8)其他防止作业人员误上带电设备和误将停电设备线路送电,操作地点均应悬挂标志牌。

9. 防止烧伤器具的正确使用

防止烧伤的器具主要有护目镜、帆布手套、帆布鞋盖等。在电气作业或检修时,如更换熔断器、电缆接头的焊接、浇灌电缆头、调制或补充蓄电池电解液等,都可能受到电弧、高温的绝缘胶液、有腐蚀性的酸液的侵害,使作业人员的眼睛或其他部位受到伤害。因此,进行这些作业时,需要采取必要的防护措施。

10. 梯子、高凳及升降车的使用方法

梯子和高凳是常用的登高用具,一般用木材、竹竿、钢管、铝型材制成,要求坚固、可靠、耐用。其中木材、竹制的型材可用于电气作业,而钢制、铝制的型材只能用于电气安装作业,即没有送电前的作业。

11. 脚扣及安全带的使用方法

脚扣及安全带是登杆作业必备的安全用具,其中脚扣和安全带的质量应符合国家法律法规的标准。

任务5.2　过电压和防雷

5.2.1　过电压及雷电概述

1. 过电压的形式与有关概念

过电压是指在电力线路或电气设备上出现的超过正常工作电压要求的电压。

按过电压产生原因的不同,可分为内部过电压和外部过电压。

(1)内部过电压

内部过电压是由于电力系统本身的开关操作、发生故障或其他原因,使系统的工作状态突然改变,从而在系统内部出现电磁能量转换、振荡而引起的过电压。因为其能量来源于系统内部,所以称为内部过电压。

内部过电压可分为如下3种:

①操作过电压。操作过电压是由于电力系统本身的开关操作所引起的过电压。

②谐振过电压。谐振过电压是由于系统中的电路参数(R、L、C)在不利的组合下发生谐振而引起的过电压。

③电弧接地过电压。中性点不接地系统发生单相电弧接地时,由于系统中存在电感和电容,可能引起线路局部谐振,使接地电弧交替熄灭与重燃,从而产生过电压。

运行经验表明,内部过电压一般不会超过系统正常运行时相对额定电压的3倍,最大为额定电压的6倍。只要在选择电气设备时对绝缘强度合理考虑,并在运行中定期检查,排除绝缘薄弱点,内部过电压就对电力线路及电气设备的威胁不是很大。

(2)外部过电压

外部过电压是指供电系统的电气设备、线路和地面建(构)筑物遭受直接雷击或雷电感应而引起的过电压,由于其能量来源于系统外部,所以称为外部过电压。

2. 雷击过电压的基本形式

直接雷击过电压。它是由于带有电荷的雷云直接对电气设备、线路和地面建(构)筑物放电而引起的过电压。

雷电感应过电压。它是雷电未直接击中电力系统中的任何部分,而由雷电对设备、线路或其他物体的静电感应或电磁感应所产生的过电压。

雷击过电压的形式除了上述两种外,还有一种是沿着架空线路侵入变配电所的高电位雷击波,称为雷电波侵入。

3. 雷电的形成、危害及有关名词概念

(1)雷电的形成

大气过电压是由雷云放电形成的。

(2)雷电的危害

雷电的破坏作用主要是雷电流引起的。它的危害基本可以分成两种类型:一是雷直接击在建筑物上发生的热效应作用和电动力作用;二是雷电的二次作用,即雷电流产生的静电感应作用和电磁感应作用。

(3)雷电的有关名词

雷电流的增幅和陡度;年平均雷暴日数;地面落雷密度。

5.2.2 防雷设备

供电系统采用的防雷设备有避雷针、避雷线、保护间隙及各种避雷器等。

1. 避雷针

(1)避雷针的结构:避雷针由接闪器、支持构架、引下线和接地体组成。

(2)避雷针的保护范围:避雷针的保护范围,以它能保护直击雷的空间来表示。其大小与避雷针的高度有关。

2. 避雷线

避雷线的功能和原理与避雷针相同。

3. 避雷器

避雷器是用来防止雷电产生的过电压沿线路侵入变配电所或其他建筑物内,以免危及被保护设备的绝缘材料。

(1)保护间隙;

(2)管式避雷器;

(3)阀式避雷器;

(4)金属氧化物避雷器。

5.2.3 防雷保护

1. 变配电所的防雷措施

变配电所的防雷有两个重要方面,对直击雷的防护和对由线路侵入的雷击冲击波的防护。

装设避雷针或避雷线是对直击雷进行防护的有效措施,使变配电所中需要保护的设备和设施均处于其保护范围之中。我国变配电所的防雷措施大部分都采用避雷针。

2. 架空线路的防雷措施

35 kV 线路常采用以下防雷措施:

(1)架设避雷线;

(2)装设自动重合闸装置;

(3)提高线路的绝缘水平,利用三角形排列的顶线兼作防雷保护线;

(4)装设避雷器和保护间隙;

(5)采用电缆供电。

任务 5.3　电气装置的接地

5.3.1　接地概述

在供配电系统中,为保证电气设备的正常工作或防止人身触电,而将电气设备的某部分与大地做良好的电气连接,称为接地。

与大地直接接触的金属部分,称为接地体或接地极。

连接接地体及设备接地部分的导线,称为接地线。

由若干接地体在大地中相互连接而组成的总体,称为接地网。

5.3.2　接地装置

1. 接地装置的构成

接地装置由接地体和接地线两部分组成,如图 5-7 所示。

2. 接地装置的散流效应

(1)接地电流和对地电压。当电气设备发生接地时,电流通过接地体向大地做半球形扩散,这一电流称为接地电流,用 I_E 表示,如图 5-8 所示。

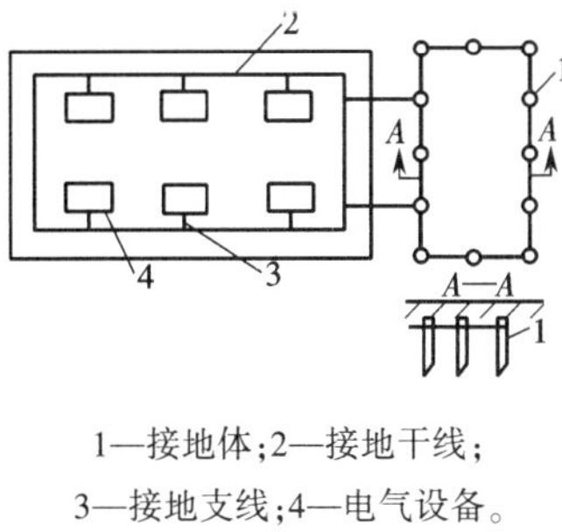

1—接地体;2—接地干线;

3—接地支线;4—电气设备。

图 5-7　接地网示意图

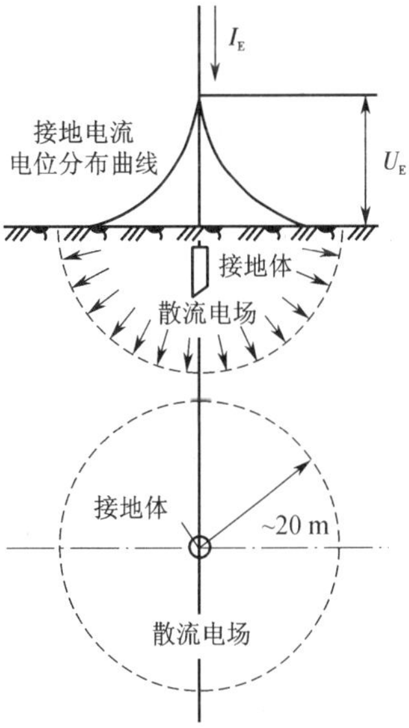

I_E—接地电流;U_E—对地电流。

图 5-8　接地电流对地电压及接地电流电位分布曲线

(2)接触电压和跨步电压。

电气设备的外壳一般都和接地体相连,在正常情况下和大地同为零电位。但当电气设备发生接地故障时,则有接地电流流入大地,并在接地体周围形成对地电位分布,此时如果人触及设备外壳,则人所接触的两点(如手和脚)之间的电位差,称为接触电压 U_{tou},如果人在接触体 20 m 范围内走动,由两脚之间有 0.8 m 左右的距离而引起的电位差,称为跨步电压 U_{step},如图 5-9 所示。

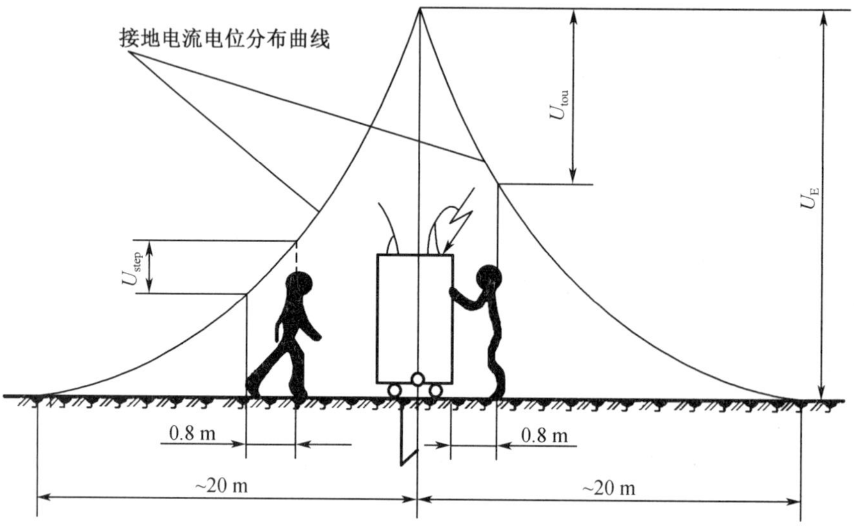

图 5-9 接触电压和跨步电压

3. 电气设备的接地类型

电力系统和电气设备的接地按其作用的不同可分为工作接地和保护接地。

(1)工作接地

为了保证电力系统和电气设备达到正常工作要求而进行的接地,称为工作接地。

工作接地可分为电源中性点直接接地、电源中性点经消弧线圈接地及防雷设备的接地等。

(2)保护接地

为了保障人身安全,防止触电事故而将电气设备的金属外壳与大地进行良好的电气连接,称为保护接地。

保护接地的形式有两种:一种是设备的金属外壳经各自的接地线(PE 线)直接接地,称 IT 系统,多用于用户高压系统或低压三相三线制系统;另一种是设备的金属外壳经公共的 PE 或 PEN 线接地,也称保护接零,用于三相四线制系统,又可分为 TN 和 TT 系统。

IT 系统。在中性点不接地的三相三线制的供电系统中,将设备的金属外壳及其构架等,经各自的 PE 线分别直接接地,称为 IT 系统。

TN 系统。在中性点直接接地的低压三相四线制系统中,将设备金属外壳与中性线(N 线)相连接,称为 TN 系统,如图 5-10 所示。

TT 系统。在中性点直接接地的低压三相四线制系统中,将设备金属外壳经各自的 PE 线分别直接接地,称为 TT 系统,如图 5-11 所示。

(3)重复接地

在电源中性点直接接地的 TN 系统中,为减轻 PE 或 PEN 线断线时危险程度,除在电源中性点进行接地外,还在 PE 或 PEN 线上的一处或多处再次接地,称为重复接地,如图 5-12 所示。

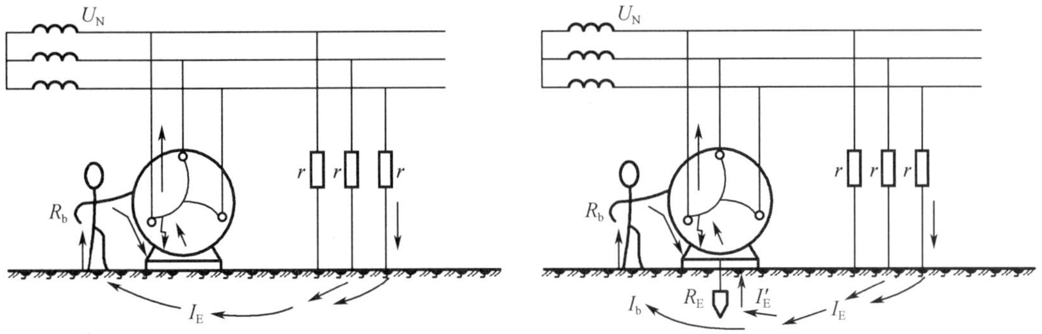

(a) 无保护接地　　　　(b) 有保护接地

I_E—接地电流；U_N—相电压；R_b—人体接地电阻；r—各相对地绝缘电阻；

I_b—流过人体的电流；R_E—接地电阻；I'_E—各相对地绝缘电流。

图 5-10　中性点不接地的三相三线制系统保护接地

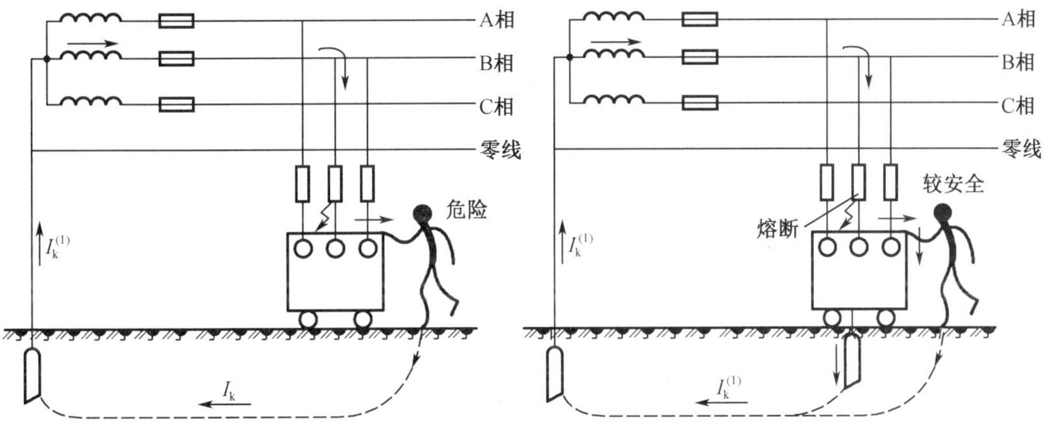

(a) 未接地　　　　(b) 接地

I_K—短路电流；$I_K^{(1)}$—单相短路电流。

图 5-11　TT 系统保护接地功能示意图

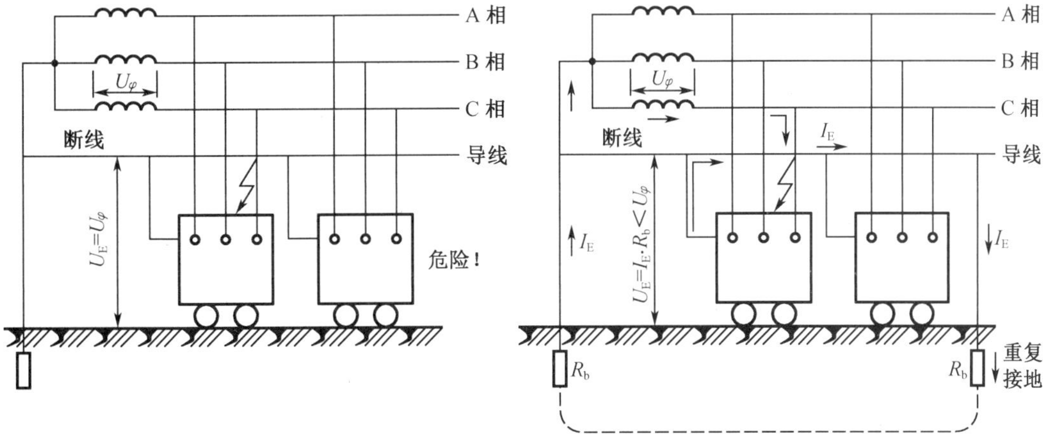

(a) 未接地　　　　(b) 接地

U_E—对地电压；U_φ—相电压；I_E—各相对地绝缘电流；R_b—接地电阻。

图 5-12　重复接地功能示意图

5.3.3 接地电阻

1. 接地电阻的含义

接地电阻是指电气设备接地装置的对地电压与电流之比。

2. 接地电阻的组成及供电系统对接地电阻的要求

接地电阻主要由以下几个因素所决定:

(1)土壤电阻;

(2)接地线;

(3)接地体。

3. 接地电阻的测量

接地电阻施工完成后和使用之前应测量接地电阻的实际值,以判断其是否符合要求。若不符合要求,则需补打接地极。每年雷雨季到来之前还需要重新检查测量。

测量接地电阻的一般原理,如图 5-13 所示。

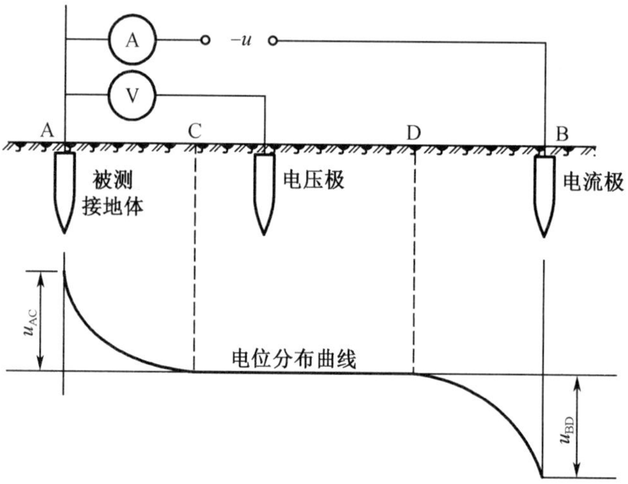

图 5-13 测量接地电阻的一般原理

间接法测量接地电阻,如图 5-14 所示。

直接法就是采用接地电阻测量仪(俗称接地电阻摇表)直接进行测量,如图 5-15 所示。具体测量步骤如下:

(1)拆开接地干线与接地体的连接点。

(2)将两支测量接地棒分别插入离接地体 20 m 与 40 m 远的地中,深度约 400 mm。

(3)把接地摇表放置于接地体附近平整的地方,然后接线:用最短的一根连接线连接接线柱 E 和被测接地体;用较长的一根连接线连接接线柱 P 和 20 m 远处的接地棒;用最长的一根连接线连接接线柱 C 和 40 m 远处的接地棒。

(4)根据被测接地体的估猜电阻值,调整好粗调旅馆旋钮。

(5)以大约 120 r/min 的转速摇动手柄,当仪表指针偏离中心时,边摇动手柄边调节细调拨盘,直至表针居中稳定后为止。

(6)细调拨盘的读数粗调旋钮倍率即得被测接地体的接地电阻。

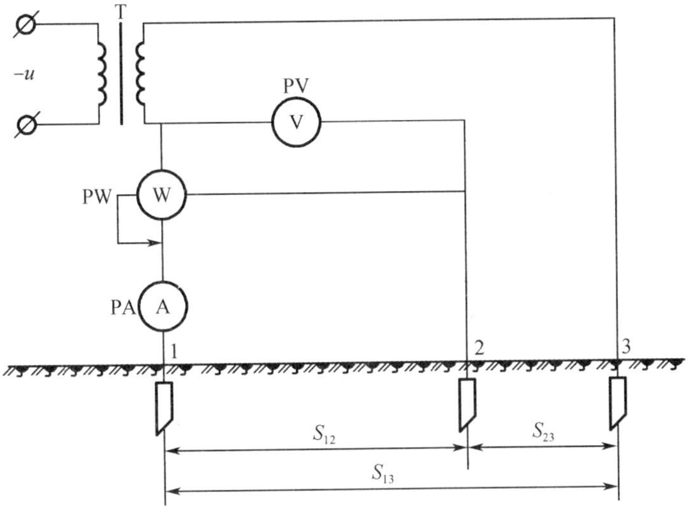

1—被测接地;2—电压极;3—电流极。

T—试验变压器;PV—电压表;PA—电流表;PW—功率表直接法测量接地电阻。

图 5-14　间接法测量接地电阻的电路

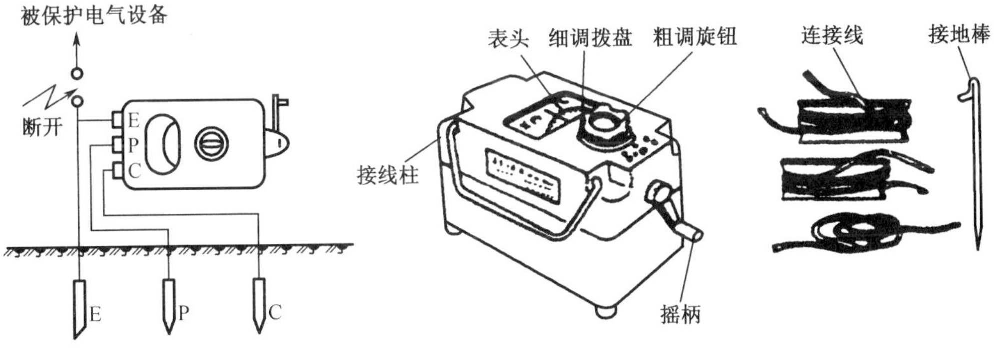

(a) 接线　　(b) 实物

图 5-15　ZC-8 型接地电阻测量仪

4. 接地装置的运行与维护

运行中的接地装置巡视与检查一般为:

(1)检查接地线或接零线与电气设备的金属外壳以及同接地网的连接处连接是否良好,有无松动脱落等现象;

(2)检查接地线有无损伤、碰断及腐蚀等现象;

(3)对于移动式电气设备的接地线,在每次使用前应检查其接地线情况,观察有无断股现象。

(4)定期测量接地装置的接地电阻值,测量接地电阻要在土壤电阻率最大的季节内进行,即夏季土壤干燥时期和冬季土壤冰冻最甚时期。

维护工作一般包括:

(1)要经常观察人工接地体周围的环境情况,不应堆放具有强烈腐蚀性的化学物质;

(2)对于接地装置与公路、铁路或管道等交叉的地方,应采取保护措施,以防碰伤损坏接地线;

(3)接地装置在接地线引进建筑物的入口处,最好有明显的标志,以便为运行维护工作提供方便;

(4)明敷的接地线表面所涂的漆应完好;

(5)电气设备在每次大修后,应着重检查其接地线连接是否牢固;

(6)当发现运行中接地装置的接地电阻不符合要求时,可采用降低电阻的措施,如将接地体引至土壤电阻率较低的地方、装设外引接地装置或者在接地坑内填入化学降阻剂。

5.3.4 低压配电系统的等电位连接

等电位连接是指使电气装置各外露可导电部分及装置的导电部分的电位做实质上相等的电气连接。等电位连接是为了降低接触电压,保障人身安全,如图 5-16 所示。

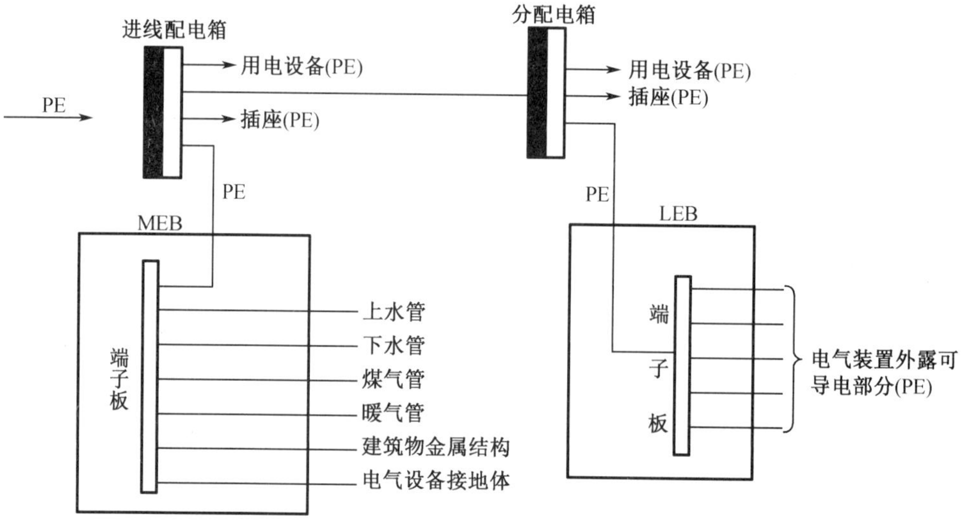

MEB—总等电位连接;LEB—局部等电位连接。

图 5-16　总等电位连接和局部等电位连接示意图

项目 6　邮轮内装建造、检验案例

任务 6.1　内装板装配工艺检验

6.1.1　内装板装配质量检查和验收基本要求

衬板和天花板的排列、品种、规格、颜色和性能应符合设计要求及船级社的相关要求。

衬板和天花板的孔槽的数量、位置和尺寸应符合设计要求。

衬板和天花板安装工程的预埋件、连接件的数量、规格、位置，连接方法和防腐处理应符合设计要求。

6.1.2　复合岩棉板衬板的基本性能及技术指标

复合岩棉板衬板是船舶内装衬板常用材料，常用复合岩棉板两侧为 0.5～0.7 mm 厚的镀锌钢板、芯材为密度 150 kg/m^3 左右的岩棉，总厚度为 25～75 mm。复合岩棉板具有良好的绝缘、保温、隔声和吸声性能。复合岩棉板在船舶上用作居住舱室的分割壁板和天棚衬板，能满足船舶 B 级防火要求。

各材料要求及性能见表 6-1～表 6-5。

表 6-1　衬板、隔板和转角板的材料

<table>
<tr><th>零件名称</th><th colspan="3">材料</th><th>标准号</th></tr>
<tr><td rowspan="3">面板</td><td colspan="3">镀锌钢板、不锈钢板、铝板</td><td rowspan="2">GB/T 2518—2004
GB/T 3280—1992
GB/T 708—2006</td></tr>
<tr><td rowspan="2">饰面钢板</td><td>基材</td><td>镀锌钢板、不锈钢板、铝板</td></tr>
<tr><td>饰面材料</td><td>PVC、PE、PET、油漆</td><td>—</td></tr>
<tr><td>芯材</td><td colspan="3">岩棉</td><td>CB/T 3830—1998</td></tr>
</table>

表 6-2　天花板的材料

<table>
<tr><th>零件名称</th><th colspan="3">材料</th><th>标准号</th></tr>
<tr><td rowspan="3">面板</td><td colspan="3">镀锌钢板、不锈钢板、铝板</td><td rowspan="2">GB/T 2518—2004
GB/T 3280—1992
GB/T 708—2006</td></tr>
<tr><td rowspan="2">饰面钢板</td><td>基材</td><td>镀锌钢板、不锈钢板、铝板</td></tr>
<tr><td>饰面材料</td><td>PVC、PE、PET、油漆</td><td>—</td></tr>
<tr><td>芯材</td><td colspan="3">岩棉</td><td>CB/T 3830—1998</td></tr>
</table>

表 6-3　衬板、隔板的耐火级别

厚度/mm	耐火级别
50	B-15
30、25	B-0

表 6-4　天花板的耐火级别

厚度/mm	耐火级别
50、40	B-15
30、25	B-0

表 6-5　衬板、隔板的隔声性能

	衬板、隔板厚度/mm	隔声值/dB
高隔声隔板	70	≥42
隔声隔板	50	≥40
衬板、隔板	50	≥33
衬板	30	≥30
	25	≥28

天花板的隔声值不低于 25 dB。

衬板安装结构示意图如图 6-1 所示;衬板和天花板评定项目、允许偏差,见表 6-6。

表 6-6　衬板和天花板评定项目、允许偏差　　单位:mm

<table>
<tr><th colspan="2">项目</th><th>标准范围</th><th>允许极限</th><th>备注</th></tr>
<tr><td>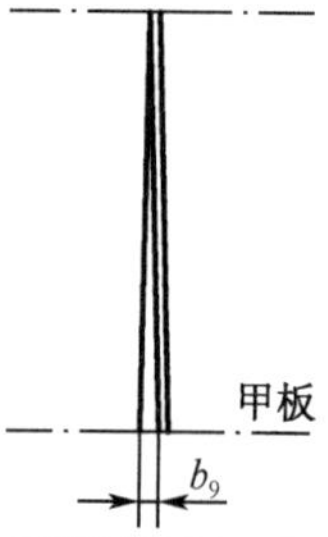
</td><td>衬板垂直度
b_9</td><td>≤3</td><td>≤6</td><td>b_9 表示天花到甲板间竖向衬板的垂直偏差量</td></tr>
<tr><td rowspan="2">连接表面缝隙
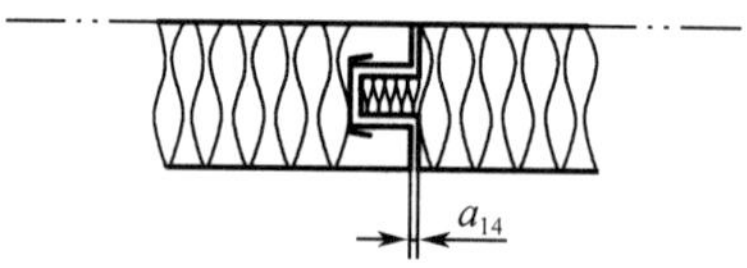

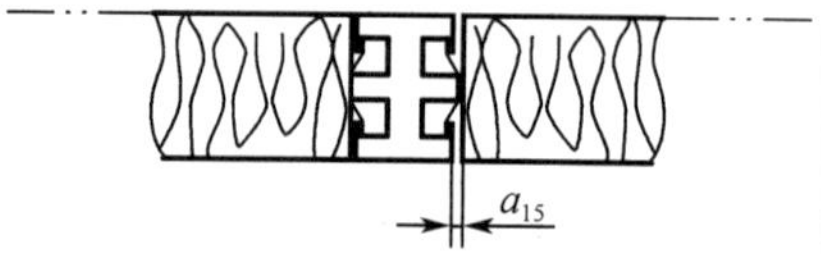
</td><td>无嵌条
a_{14}</td><td>≤0. 5</td><td>≤0. 8</td><td rowspan="2">a_{14} 和 a_{15} 表示衬板或天花板拼接的缝隙</td></tr>
<tr><td>有嵌条
a_{15}</td><td>≤0. 3</td><td>≤0. 5</td></tr>
</table>

表 6-6(续)

项目		标准范围	允许极限	备注
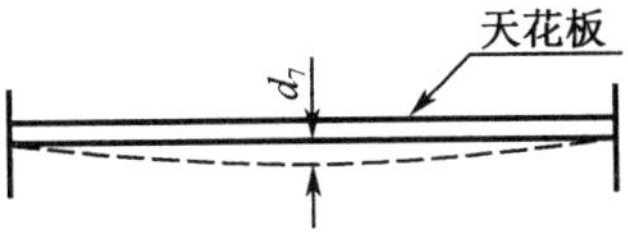	天花板平面下垂度 d_7	≤3	≤5	以 2 m 计
连接表面错位 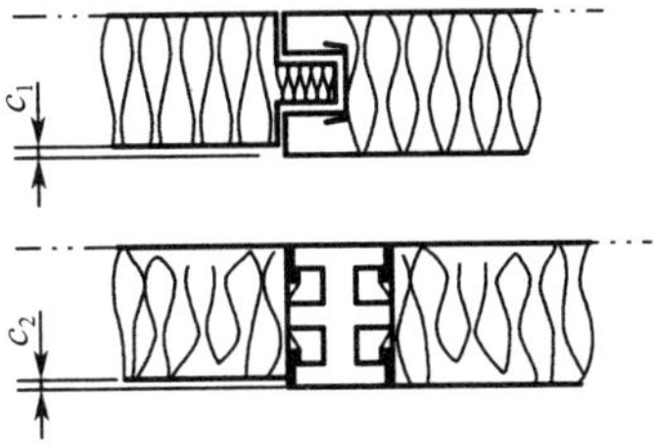	无嵌条 c_1	≤0.5	≤0.8	—
	有嵌条 c_2			
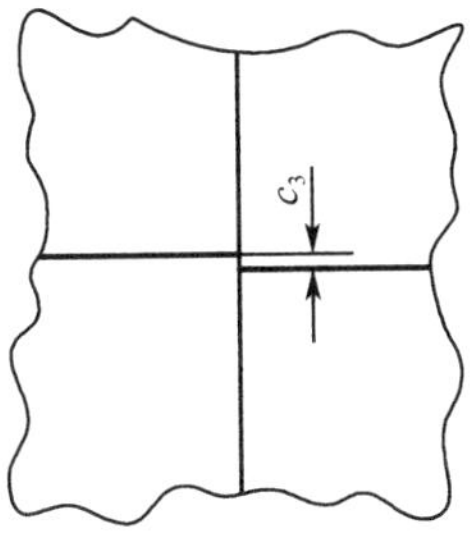	天花板接缝错位 c_3	≤2.0	≤2.5	—
天花板净高偏差	0～+10	—	—	

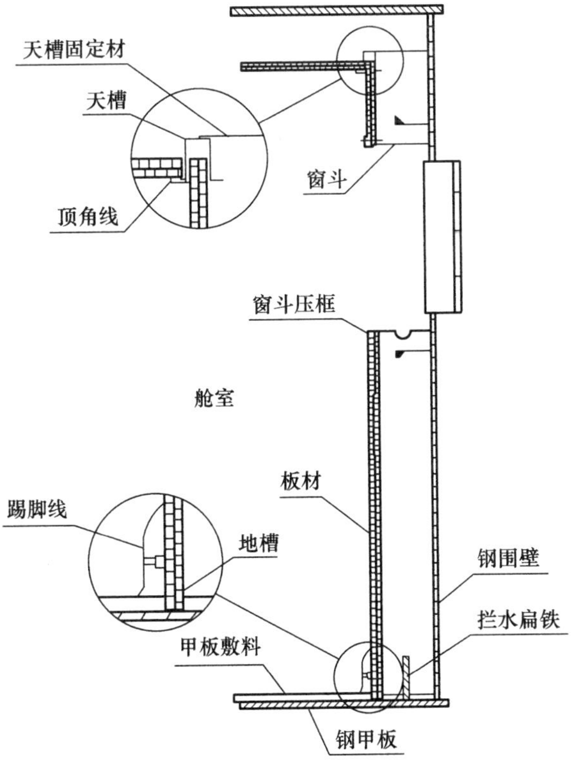

图 6-1　衬板安装结构示意图

在底型材敷设完毕后,应进行检查,沿舱室长、宽方向的尺寸公差均为+/-6 mm。舱室完工后的尺寸公差如下:

(1)舱室净高尺寸公差≥0;

(2)舱室净宽尺寸公差±10 mm;

(3)舱室净长尺寸公差±10 mm。

6.1.3 安装工艺要求

安装复合岩棉板衬板的天槽、地槽应固定稳定,表面平整,不出现波折、急弯,复合岩棉板插入槽内进行拼接,接缝宽度、垂直度和表面平整度应满足要求。

衬板和天花板表面应无锤印,螺钉排列整齐,间距基本相等,且安装应牢固,船舶航行时不应产生振动和噪声。

复合岩棉板安装表面只允许有较小的划痕和压痕。表面任意 6 m^2 内压痕不得超过 1 处,且压痕直径不得大于 50 mm,深度不大于 1 mm,划痕宽度不得大于 1 mm,且划痕总长不大于 80 mm。

复合岩棉板衬板和天花板表面的油污脏迹等必须清除。

同一舱室的衬板颜色和天花板颜色无明显差异。

板材接缝处应无明显缝隙。

踢脚板、顶角线与内装板之间应无明显缝隙,夹角接头紧密平服,表面光洁和顺。

在复合岩棉板衬板和天花板上开孔,当矩形孔的线长度≥200 mm、圆孔直径≥150 mm 或曲线形孔周长≥470 mm 时,应设加强材。开孔处的岩棉不得有松散、外露的现象。

安装的设备质量≥1.5 kg 处,应设固定支架,该固定支架应焊在钢结构上。

6.1.4 验收步骤

检查复合岩棉板衬板材料品种和性能需符合设计要求,应获得检查材料合格证和船级社检验证书。

观感质量检查复合岩棉板衬板和顶板安装的排列应与图纸一致。复合板表面无油污脏迹,无或仅有微小划痕和压痕。

现场量测:

用 1 m 水平尺检验坡度尺验收衬板板缝平整度,图 6-2,平整度允许最大偏差 1 mm。

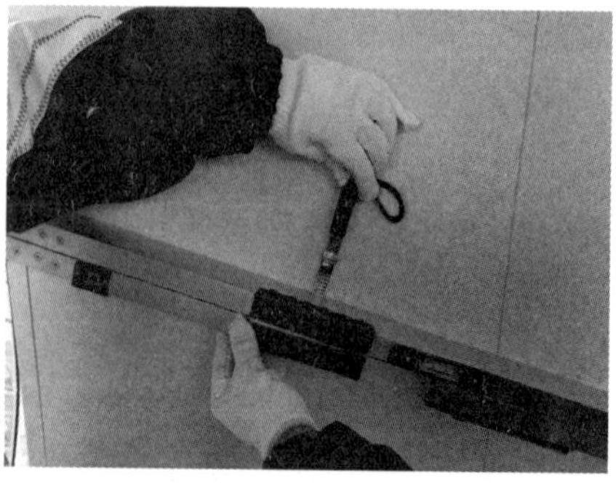

图 6-2 衬板板缝平整度验收

用2 m水平尺和锥形吊锤验收复合岩棉板安装的垂直度,垂直度允许最大偏差3 mm。用钢尺验收岩棉板与岩棉板安装的缝隙和表面错位,均不超过1 mm,图6-3。

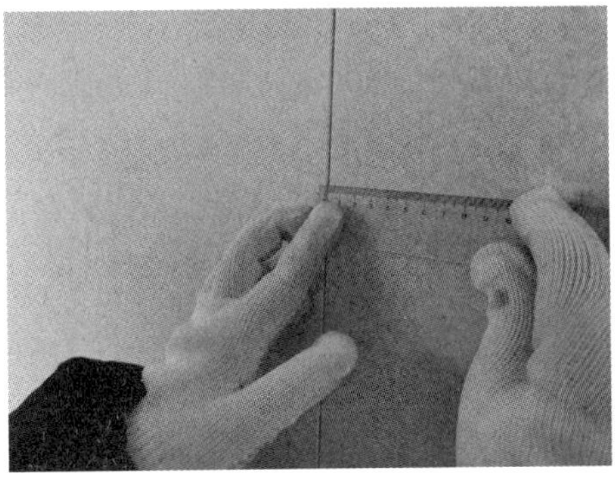

图6-3　岩棉板与岩棉板安装的缝隙和表面错位验收

用2 m水平尺和坡度尺验收天花板平整度,表面平整度允许最大偏差3 mm,图6-4。

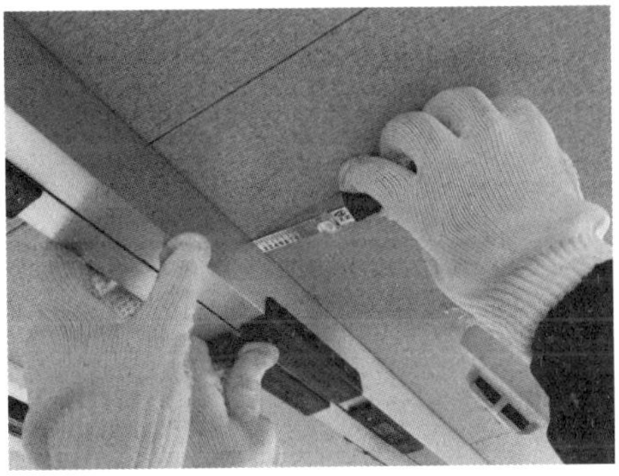

图6-4　天花板平整度验收

填写项目验收评定表。

任务6.2　饰面板装配工艺检验

6.2.1　饰面板安装质量检查和验收基本要求

饰面板的品种、规格、颜色和性能应符合设计要求。

饰面板孔槽的数量、位置和尺寸应符合设计要求。

饰面板安装工程的预埋件、连接件的数量、规格、位置,连接方法和防腐处理应符合设计要求。

6.2.2　饰面材料分类及基本特性

石材主要有天然大理石板和人造大理石板。大理石的质感柔和美观庄重,材质稳定,长期不变形,大理石为不燃材料,耐火性能非常好,安装工艺成熟,是邮轮豪华装饰理想材料,常用于立面和台面装饰。

各种饰面砖、马赛克等瓷砖类饰面材料,规格、颜色等品种很多,安装方便,在邮轮上使用较多。

木材、木板类,按材质分类可分为实木板和人造板两大类。

实木板坚固耐用、纹路自然,工艺要求高,是邮轮内装中优中之选。

人造板有实心板、防火板等,板材的规格品种较多,多用作内装和柜体的基础板制作。

装饰面板纹理清晰美观,色调柔和,质地均匀,韧性好,是制造邮轮家具和各种柜体的面层材料。

木材、木板类材料由于是可燃材料,使用受到邮轮防火要求限制,使用时必须严格按照内装设计图纸进行。

金属饰面板主要有各种铝板、不锈钢板和烤漆钢板等。金属饰面板质量轻、不燃,装饰效果好,广泛使用。

6.2.3 安装工艺要求

饰面板在邮轮上均需安装在钢龙骨或基层板上,对工艺有一定的要求,检查验收前需了解预埋件、连接件材料性能、连接方法,以及需要进行绝缘和防腐处理的要求,学习安装工艺特点。

熟悉饰面板评定项目和允许偏差,见表 6-7。

表 6-7　饰面板评定项目和允许偏差　　单位:mm

评定项目		允许偏差(±)			
		石材	瓷板	木材	金属
饰面板	立面垂直度	≤3	≤3	≤2	≤2
	表面平整度	≤3	≤3	≤2	≤3
	阴阳角方正	≤4	≤4	≤2	≤3
	接缝直线度	≤4	≤4	≤1	≤1
	墙裙、勒脚上口直线度	≤3	≤3	≤2	≤2
	接缝高低差	≤1	≤1	≤0.5	≤1
	接缝宽度	≤2	≤1	≤1	≤1

6.2.4 验收步骤

验收前,认真读识内装生产图纸。掌握饰面板安装工艺和要求。

检查饰面板的品种、规格、颜色和性能,应符合设计要求,检查材料合格证和船级社检验证书。

观感质量检查:饰面板表面应平整、洁净,色泽一致,无裂痕和缺损,石材表面应无泛碱等污染。板面孔槽的数量、位置和尺寸应符合设计要求。嵌缝密实、平直,宽度和深度应符合设计要求,嵌填材料色泽应一致。

饰面板安装应牢固,与基体之间的黏结材料应饱满、密实。饰面板上的孔洞套割应吻合,边缘应整齐。饰面板安装工程的预埋件、连接件的数量、规格、位置,以及连接方法和防腐处理应符合设计要求。

现场量测:

(1)用 2 m 水平尺和坡度尺验收饰面板平整度,表面平整度偏差控制在 3 mm 内,木材类材料表面平整度偏差控制在 2 mm 内,如图 6-5 所示。

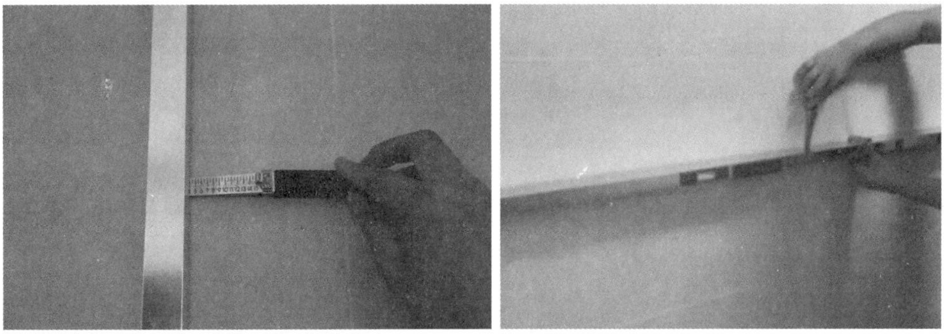

图 6-5　饰面板平整度验收

(2)用 2 m 水平尺和锥形吊锤验收饰面板立面垂直度,立面垂直度石材和瓷砖类偏差控制在 3 mm 内,木材类和金属板材料表面平整度偏差控制在 2 mm 内。

(3)拉 5 m 线和钢尺验收踢脚线和饰面墙裙上口水平,石材和瓷砖类上口水平偏差控制在 3 mm 内,木材类和金属板材料上口水平偏差控制在 2 mm 内。拉 5 m 线和钢尺验收拼缝平直度,石材、瓷砖类拼缝平直度偏差控制在 4 mm 内,木材类和金属板材料拼缝平直度偏差控制在 1 mm 内。

(4)用钢尺验收板面缝隙宽度,石材缝隙宽度偏差控制在 2 mm 内,瓷砖类、木材类和金属板材料缝隙宽度偏差控制在 1 mm 内。用 0.6 m 水平尺和坡度尺验收接缝平整度,石材、瓷砖类和金属板材料接缝平整度控制在 1 mm 内,木材类饰面材料接缝平整度控制在 0.5 mm 内。

(5)用小锤轻敲瓷砖,检验瓷砖粘贴的空臌,空臌的块数要小于被验总块数的 5%。

(6)用直角板检查饰面板转角方正度,如图 6-6 所示。填写项目验收评定表。

图 6-6　饰面板转角方正度验收

任务 6.3　绝缘敷设工艺检验

6.3.1　甲板或围壁绝缘敷设质量检查和验收基本要求

所有敷设的绝缘材料的型号、厚度以及绝缘敷设的范围应符合设计要求。

检查绝缘船级社证书、使用说明书、产品合格证书及验收记录。

6.3.2　绝缘材料的性能、分类及技术指标

绝缘材料的性能:船舶绝缘一方面有防火隔热的作用,另一方面也具有隔音、隔振和保温的作用。

常用的绝缘材料种类有超细玻璃棉(隔热层、防火层)、陶瓷棉(隔热层、防火层)、岩棉(隔热层、防火层),KPB-3 型矿物棉(绝缘层)。它们都具有厚度薄、质量轻、绝热、隔音性能好的优点。其主要性能指标见表 6-8~表 6-11。

表 6-8　陶瓷棉制品主要技术性能

技术性能	技术指标
纤维平均直径/μm	3~4
渣球含量/%	<8
密度/(kg/m^3)	80~200
树脂含量/%	<2
加热线收缩/%	≤4
安全使用温度/℃	>1 000
不燃性	合格
导热系数/[W/(m·K)] No. 150~170 kg/m^3	400 ℃　0.08 600 ℃　0.12 800 ℃　0.16
吸湿率/%(GB/T 5480—2017)	<5
憎水率/%(GB/T 10299—2011)	≥98

表 6-9　岩棉制品主要技术性能

技术性能	技术指标	备注
导热方程式/[W/(m·℃)]	0.032+0.000 16	—
不燃性	A	按照(GB/T 5464—2010)
纤维平均直径/μm	4~7	—
最高使用温度/℃	600	—

表 6-9(续)

技术性能	技术指标	备注
酸度系数	≥1.5	—
吸湿率/%	<5	符合(GB/T 5480—2017)
憎水率/%	>98	符合(GB/T 10299—2011)
容重公差/%	±20	符合(GB/T 11835—2016)

表 6-10　玻璃棉制品主要技术性能

技术性能	技术指标
纤维平均直径/μm	<6
渣球含量/%	<1
密度/(kg/m³)	16～200
憎水性	>98
安全使用温度/℃	350
不燃性	合格
吸湿率/%	<5
导热系数	平均温度 常温 50 ℃ 100 ℃ 150 ℃ 200 ℃
吸声率	混响法>1 000 Hz 时

表 6-11　船用绝热材料安全使用温度

类别	制品名称	使用温度/℃ (-100 -50 0 100 200 300 400 500 600 700 800 900 1000 1100 1200 1300 1400 1500)
陶瓷棉制品	陶瓷棉（原棉）	-50~1 160
	陶瓷棉板（干法制品）	-50~1 050
	陶瓷棉板（湿法制品）	-50~1 100
	陶瓷棉毡（干法制品）	-50~1 080
	陶瓷棉毡（湿法制品）	-50~1 100
	陶瓷棉套管	-50~1 000

表 6-11(续)

类别	制品名称	使用温度/℃ -100 -50 0 100 200 300 400 500 600 700 800 900 1000 1100 1200 1300 1400 1500
	陶瓷棉绳	-50~1 250
岩棉制品	岩棉(原棉)	-70~700
	岩棉板	-70~650
	岩棉毡	-70~650
	岩棉套管	-70~650
玻璃棉制品	玻璃棉(原棉)	-100~300
	玻璃板	-100~400
	玻璃棉毡	-100~300
	玻璃棉套管	-100~400

6.3.3 敷设工艺要求

固定绝缘所用的碰钉或碰柱的密度应符合设计要求,一般应不小于 16 只/m²,间距在 250~300 mm,且排列整齐;A60 绝缘的碰钉或碰柱的数量应与证书或试验报告相符;碰钉应有压紧垫片,若绝缘处无镀锌钢板、复合岩棉板等装饰板时,碰钉表面需有盖帽;有镀锌钢板、复合岩棉板等装饰板时可将碰钉直接弯曲。

构架处的绝缘敷设形式应为搭接式、嵌接式或连续滚铺式。

绝缘敷设的接缝应平整,构架外部突出部分的边缘、接缝应整齐。

扶强材的绝缘包覆应符合节点要求,延伸应满足规范要求。

6.3.4 验收步骤

检查绝缘材料品种和性能需符合设计要求,检查材料合格证和船级社检验证书。

检查绝缘敷设范围应与绝缘布置图要求一致。

外观检查:

(1)绝缘层表面应紧密,不应有松动、损伤、受潮等现象。

(2)过渡区的绝缘敷设应无漏敷、少敷,接缝处留有间隙等现象。

(3)绝缘敷设切割断面的包覆应完好无损,表面应无起拱。

(4)绝缘表面铝箔布应平整并紧贴绝缘。铝箔布的端头不应暴露在外,拼缝用胶带粘住。

(5)固定绝缘的碰钉或碰柱应牢固,且分布均匀、排列整齐。

用卷尺测量围壁上绝缘材料的下缘与甲板的距离,控制在 50 mm 左右,如图 6-7 所示。

检查两层的对接绝缘的接缝,不允许在同一截面,必须错开敷设,错开距离大于 50 mm,如图 6-8 所示。

绝缘敷设验收评定表见表 6-12。

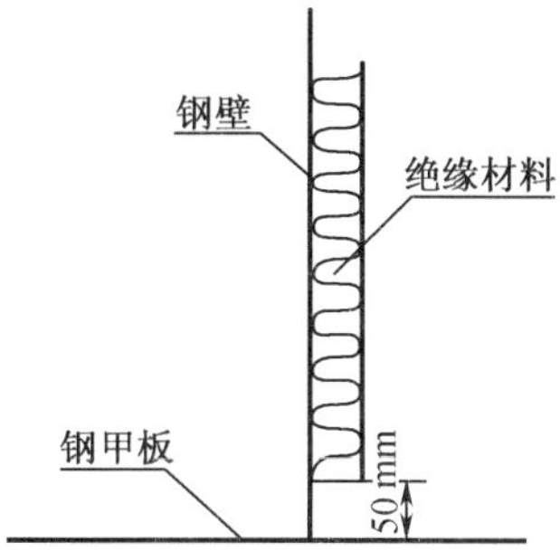

图 6-7　围壁绝缘材料下缘

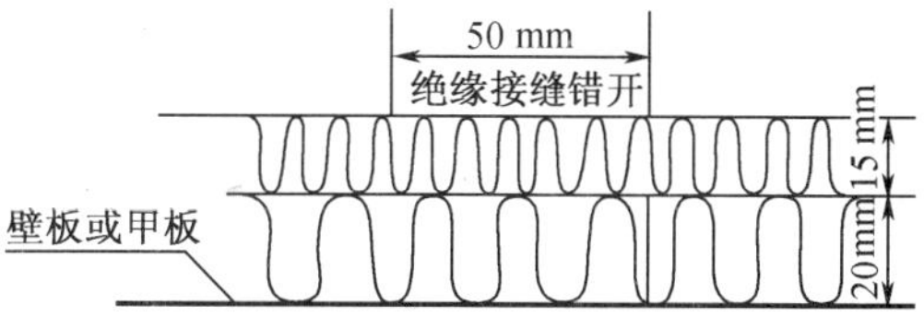

图 6-8　壁板或甲板敷设形式

表 6-12　绝缘敷设验收评定表

评分项目及分值	检查项目	评判标准					实得分数	备注
施工操作（20 分）	施工顺序	碰钉粘黏→陶瓷棉裁剪→铝箔胶带包扎裁剪口→陶瓷棉敷设(先包覆龙骨)→盖将军帽固定→铝箔胶带封闭接缝						
敷设标准（80 分）	钉头垂直度	尺寸差	≤3 mm	≤4 mm	≤5 mm	>5 mm		
		得分标准	15 分	10 分	5 分	0 分		
	拼缝间隙	尺寸差	≤3 mm	≤4 mm	≤5 mm	>5 mm		
		得分标准	15 分	10 分	5 分	0 分		
	龙骨包覆贴合度	尺寸差	≤3 mm	≤4 mm	≤5 mm	>5 mm		
		得分标准	15 分	10 分	5 分	0 分		
	平整度	尺寸差	≤3 mm	≤4 mm	≤5 mm	>5 mm		
		得分标准	15 分	10 分	5 分	0 分		
	敷设评判	标准	优	良	中	差		
		得分标准	20 分	10 分	5 分	1 分		
总得分（100 分）	以上五项评分项目实得分数总和							

外观评判员：　　　　　　　　记录员：　　　　　　　　日期时间：

任务 6.4 图纸验收

图纸验收是工程管理的重要环节,为提高图纸在项目建设中的管理水平,促进管理的规范化、系统化,配合现场施工和竣工验收打下基础。

6.4.1 验收文件

内装装配式工艺工程质量验收时,应提交下列文件与记录:
(1)工程设计单位已确认的预制构件深化设计图、设计变更文件;
(2)装配式结构工程所用主要材料及预制构件的各种相关质量证明文件;
(3)预制构件安装施工验收记录;
(4)连接构造节点的隐蔽工程检查验收文件;
(5)叠合构件和节点的强度检测报告;
(6)密封材料及接缝防水检测报告;
(7)分项工程验收记录。

6.4.2 验收原则

(1)设计是否符合国家有关技术政策和标准规范的规定。

(2)图纸资料是否齐全,能否满足施工需要。

(3)设计是否合理,有无遗漏。图纸中的标注有无错误。有关管道编号、设备型号是否完整无误。有关部位的标高、坡度、坐标位置是否正确。材料名称、规格型号、数量是否正确完整。

(4)设计说明及设计图中的技术要求是否明确。设计是否符合企业施工技术装备条件。如需要采用特殊措施时,在技术上有无困难,能否保证施工质量和施工安全。

(5)设计意图、工程特点、设备设施及其控制工艺流程、工艺要求是否明确。各部分设计是否明确,是否符合工艺流程和施工工艺要求。

(6)设备安装位置是否美观和使用方便。

(7)组件、设备的技术特性,如工作压力、温度、介质是否清楚。

(8)对固定、防震、保温、防腐、隔热部位及采用的方法、材料、施工技术要求是否明确。

(9)需要采用特殊施工方法、施工手段、施工机具的部位要求和做法是否明确。

(10)有无特殊材料要求,其规格、品种、数量能否满足要求,有无材料代用的可能性。

6.4.3 验收表格

1. 设计单位图纸要点自校表(表 6-13)

表 6-13　工艺设计图纸要点自校表

项目名称				审核人	
设计单位				审核时间	
专业	审核内容	问题列项	审核要求及审核依据	是否满足 打“√”或“×”	问题描述

2. 图纸会审记录表

图纸会审是指工程各参建单位(建设单位、设计单位、监理单位、施工单位等相关单位)在收到施工图审查机构审查合格的施工图设计文件后,在设计交底前进行全面细致的熟悉和审查施工图纸的活动。各单位相关人员应熟悉工程设计文件,并应参加建设单位主持的图纸会审会议。建设单位应及时主持召开图纸会审会议,组织监理单位、施工单位等相关人员进行图纸会审,并整理成会审问题清单,由建设单位在设计交底前约定的时间提交设计单位。图纸会审由施工单位整理会议纪要,与会各方会签。图纸会审会签表和图纸会审记录见表 6-14 和表 6-15。

表 6-14　图纸会审会签表

<table>
<tr><td>项目工程</td><td></td><td>单位工程名称</td><td></td></tr>
<tr><td>会审时间</td><td></td><td>会审地点</td><td></td></tr>
<tr><td rowspan="8">参加会审人员</td><td colspan="3">建设单位:</td></tr>
<tr><td colspan="3"></td></tr>
<tr><td colspan="3">设计单位:</td></tr>
<tr><td colspan="3"></td></tr>
<tr><td colspan="3">监理单位:</td></tr>
<tr><td colspan="3"></td></tr>
<tr><td colspan="3">施工单位:</td></tr>
<tr><td colspan="3"></td></tr>
<tr><td>主持人</td><td></td><td>记录人</td><td></td></tr>
<tr><td>建设单位:(公章)

代表:</td><td>设计单位:(公章)

代表:</td><td>监理单位:(公章)

代表:</td><td>施工单位:(公章)

代表:</td></tr>
</table>

表 6-15　图纸会审记录表

工程名称			
设计单位		施工单位	
图号	对图纸存在的疑问	设计答复	
记录人		时间	

3. 现场及装配工艺图纸交底记录表

图纸交底是在某一单位工程开工前,或一个分项工程施工前,由建设单位组织施工总承包单位、监理单位参加,由勘察、设计单位对施工图纸内容进行的一项技术性交代活动。其目的是使施工人员对工程特点、技术质量要求、施工方法与措施等方面有一个较详细的了解,以便于科学地组织施工,避免技术质量等事故的发生。各项技术交底记录是工程技术档案资料中不可缺少的部分。

图纸技术交底应包括的内容包括工程概况与特点;图纸及规范的主要要求包括主要部位尺寸、标高、材料规格及使用要求、配合比要求等;施工方法包括工序搭接关系,运输方法、主要机械的使用及操作要点;对施工进度的要求;质量标准、要求与保证质量措施;可能发生的技术总量及处理方法;节约、成品保护要求与措施;安全、消防等要求与措施。现场及装配工艺图纸交底记录表见表 6-16。

表 6-16　现场及装配工艺图纸交底记录表

<table>
<tr><td colspan="2">工程名称</td><td colspan="2"></td></tr>
<tr><td colspan="2">施工单位</td><td colspan="2"></td></tr>
<tr><td colspan="2">交底部位</td><td colspan="2"></td></tr>
<tr><td colspan="2">工作时间</td><td colspan="2"></td></tr>
<tr><td colspan="4">交底内容
一、工程概况</td></tr>
<tr><td colspan="4">二、工艺施工图交底</td></tr>
<tr><td colspan="4">三、安装定位要点</td></tr>
<tr><td colspan="4">四、装配技术要点</td></tr>
<tr><td rowspan="4">会签栏</td><td colspan="2">参加单位</td><td>参加人员</td></tr>
<tr><td colspan="2"></td><td></td></tr>
<tr><td colspan="2"></td><td></td></tr>
<tr><td colspan="2"></td><td></td></tr>
</table>

4. 设计图纸确认单

设计图纸审核是项目建设过程中的关键环节。通过对设计图纸的审核，避免因设计失误给项目建设带来损失乃至造成隐患；消除影响项目建设进度和安全、质量的因素；节约项目建设成本。

设计图纸审核一般由项目工程总监或者总工程师组织，工程部各专业负责人对设计图纸进行全面、仔细的阅读与审核，必要时可邀请有关专家共同审图。审核意见由项目工程总监负责整理并按专业分类登记。装配工艺图纸确认单见表 6-17。

表 6-17　装配工艺图纸确认单

工程名称			
施工单位			
施工图纸名称			
深化设计人员		联系电话	
工程管理人员		联系电话	
图纸确认时间		确认人员	
设计类型	□可行性研究	□初步设计	
	□工艺施工图设计	□安装定位设计	
更改意见			

任务 6.5　内装钣金工艺验收

6.5.1　通风管路

船舶通风系统就是使用机械或者依靠空气自然流通为船舶舱室进行通风换气的管系，其分为机械通风和自然通风两种。通风管路的形状如图 6-9 所示，船舶通风管路如图 6-10 所示。

机械通风由轴流风机、通风管道、布风器组成。机械通风分为机械排风和机械送风。机械通风不受外界自然条件的影响，可以人工调节通风量，并且能够合理对空气进行分配并输送到指定的场所。

自然通风主要由船舶本身的开孔（门、窗、舱口、通风斗）和自然通风管道组成。自然通风结构简单，成本低廉，维修方便。但是受外界风速、风向、温度影响较大。所以工作状态不稳定。

在通风管理的制作中，要求钣金车间操作技术人员负责对钣金加工过程中的产品质量进行自检、互检。明确钣金车间各工序所生产的零部件的检验方法和质量要求，综合质检部的质检员负责对钣金生产加工过程中的产品质量进行抽验、监督、确认。对通风管系加工、安装进行工序检验，旨在控制不合格产品产生，使产品质量满足船级社规范和船东要求。

图 6-9　通风管路的形状

图 6-10　船舶通风管路

1. 检测工具

5 mm 卷尺;200、300 卡尺;角度尺。

2. 对通风管路的检验标准

(1)通风管不得通过舱壁甲板以下的水密舱壁。

(2)在开敞的干舷甲板和后升高甲板以及开敞的上层建筑甲板上的通风管路,通往干舷甲板或封闭上层建筑甲板以下的处所时,应有钢质或其他同等级别材料的接管,其结构应坚固并与甲板有效连接。如果通风管路甲板接管的高度超过 900 mm 时,则应有加强支撑。

(3)通过非封闭的上层建筑的通风管路,应在干舷甲板上有坚固结构的钢质或其他同等级别材料的接管。

(4)A 类机器处所应有足够的通风,以保证其中的机器或锅炉在所有气候包括恶劣气候条件下全功率运转时,该处所能有充足的空气供应,从而确保工作人员的安全和舒适以及机器的运转。其他机器处所应有适当的通风。

(5)所有锅炉舱自然通风用的风斗,应具有能将风斗转至所需位置并加以固定的转动装置。

(6)灯间、油漆间,以及其他储存易燃、易爆物品或可能积聚有毒气体、易爆气体的舱室,应设有安全和有效的通风装置。

3.通风管系验收程序

(1)对通风管系钣金件进行检验

①对通风管路的钣金的料厚、规格、材料进行审核时应严格按图纸要求。

②钣金加工的尺寸公差、下料毛刺公差、对角线公差应控制在要求的公差范围内。

③钣金表面无划伤、凹凸点、水印、氧化、辊印、波浪、变形等缺陷。

④通风管路布置图纸要求一致。冲压加工所产生的毛刺,对于门板、面板等外露可见面应无明显凸起、凹陷、粗糙不平、划伤、锈蚀等缺陷,折弯方向、尺寸与图纸一致。

⑤对通舱件、合拢管及现校管装配和焊接件进行检验。在检验过程中必须向单船质量检验员以及船东报检,需要进行无损探伤由工程主管联系协调。

⑥对所有通风管理的管路支架检验,控制阀件检验

(a)钣金连接件,密封件材料、规格需符合船级社造船规范要求

(b)对通风管路控制阀件安装方向、完整性和正确性进行检验。

(c)检查各电动与气动阀件的启闭操作。

(d)检查支架的材料、支架安装位置及支架的连接件,无松动现象。

(2)对通风管系的风斗、出风口进行检测

①自然通风用的风斗安装位置及其固定装置检测。对有过滤设备的通风管系还应检查过滤设备的安装。

②对其他灯间、油漆间,以及其他储存易燃、易爆物品或可能积聚有毒气体、易爆气体的舱室,应设有安全和有效的通风装置。

③通风帽应设在开敞甲板上,并尽量远离排气管口、天窗和升降口等处

(3)密封检验

根据管路和系统的不同要求,需要做相关密性试验,施工队应在自检和互检合格后向单船质量检验员报检,确认合格后方可向船东或船检报检,并及时做好相关记录。

(4)填写项目验收评定表。

6.5.2　空调管路

某轮的空调管路的布置如图6-11所示。在空调的安装验收中,必须保证所有管路安装良好,尤其是制冷剂管路,在安装中必须保证安装质量,以免造成漏电。

1.检测工具

5 mm卷尺;200、300卡尺;角度尺。

2.空调管系验收程序

(1)外观检验:管系外观检测,无明显划痕、夹渣、气孔等明显缺陷。

(2)对空调管系材料进行检验。

①对空调管系的材料、规格、直径等进行检验,应符合设计要求。

②根据施工设计方案的材料及配件清单,核对主要材料及配件的品牌、名称、规格型号,其中标准材料及配件均应符合国家标准,且相关证件齐全。

图 6-11　船舶空调管路

③管子壁厚检验:用测厚仪进行测量,将测得的数据与规范要求对照,以判断壁厚量合格与否。

(3)检查管路的完整性和正确性,管件加工、装配要求、校管公差都必须满足船级社规范。管件安装必须严格按照船舶管道安装的基本要求施工,安装前须复对坐标尺寸、清理管内杂物、检查法兰密封面,在得到单船质量检验员或船东确认后,方可进行管路连接。

(4)水管道与水泵、空调机组、风机盘管的连接必须采用弹性接管或软接管(金属或非金属软管),与其连接的管道应设置独立支架。连接应牢固、不得强行对口连接,不得有强扭或瘪管现象,没有渗漏现象。

(5)保温材料检测:检查保温材料,保温层安装是否按照规范完成,空调管路通舱管件处是否有保护套管,管道与套管的空隙应用隔热或其他不燃材料堵塞。

(6)对部分空调管路焊接部位需要进行无损探伤,由工程主管联系协调,确认合格后将管件进行表面处理,需要压力试验的管件必须在压力试验报检合格后方可表面处理。

(7)根据管路和系统的不同要求,需要做相关密性试验以及管路清洗,施工队应在自检和互检合格后向单船质量检验员报检,单船质量检验员确认合格后方可向船东或船检报检,并及时做好相关记录。

3. 管路支架检验

(1)焊缝外观用手电筒和放大镜等工具检查,焊缝表面不能有裂纹、气孔、咬口等缺陷。支架底脚应采用双面焊且包角,以防止因振动而脱焊。

(2)支架间距用钢皮卷尺进行测量。如图样和工艺文件有规定的,则按规定要求进行判断。

(3)对支架和衬垫的使用是否恰当进行检验。冷藏舱、甲板、机舱花铁板以下及其他露天部位的镀锌钢管,必须采用镀锌支架;紫铜管可采用扁铁支架,空调室、冷藏机室的管子可采用木质支架;管和支架之间应有绝热材料衬垫。

(4)完整性检验。支架盖应盖好,紧固螺栓应按要求旋紧,螺纹伸出螺母 1~3 牙。

4. 填写项目验收评定表

任务 6.6　内装敷料工艺验收

6.6.1　甲板敷料敷设质量检查和验收基本要求

(1)各舱室区域所敷设的甲板敷料的型号、厚度以及敷设范围应符合设计要求。

(2)检查甲板敷料船级社证书、使用说明书、产品合格证书及验收记录。

6.6.2　甲板敷料的性能、分类及技术指标

1. 甲板敷料的规格和性能

甲板敷料具有厚度薄、质量轻、绝热温度高、隔音隔热性能好、黏结性强、干硬速度快和防水性好等优点。

2. 甲板敷料的分类

一般可分为甲板基层敷料、复合耐火甲板敷料、浮动耐火甲板敷料和流平甲板敷料这几类。其主要性能指标见本书项目 3 中相关图表。

6.6.3　敷设工艺要求

(1)检查施工过程中甲板敷料的配比和调和的正确性。

(2)甲板敷料敷设前应清洁甲板表面,除锈、除油污。

(3)浮动甲板敷料敷设前应涂装甲板。

(4)浮动甲板敷料需检查四周的节点。与四周钢壁隔离良好,钢壁与浮动甲板敷料岩棉接口处的密封良好。

(5)面层甲板敷料需检验甲板敷料的平面度,一般控制在 3 mm/(4 m^2);且敷料表面应平整、光滑;每平方米印迹允许不超过 4 个。

(6)防水纸间的连接应搭接处理,其搭接宽度应不小于 100 mm。

(7)钢丝网敷设的直径应不小于 3 mm,搭接宽度应不小 100 mm。

(8)甲板敷料敷设评定项目、允许偏差应符合表 6-18 的规定。

表 6-18　甲板敷料敷设评定标准和允许偏差　　单位:mm

项目		标准范围	允许极限	备注
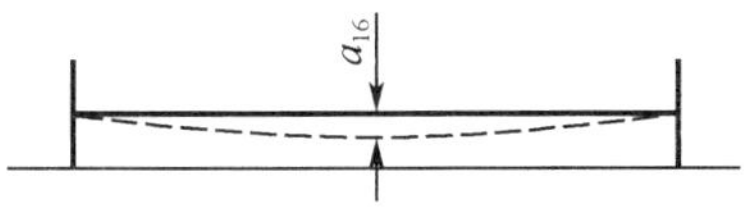	流平甲板敷料平面度 A16	≤3.0	≤3.0	以每米计
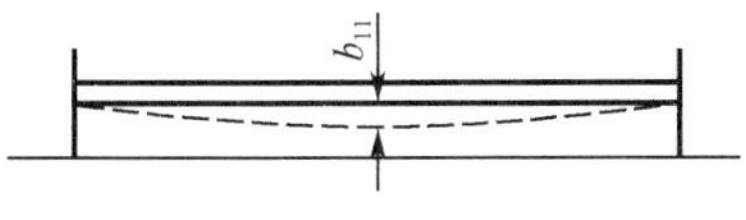	表面覆盖物平面度 B11			

6.6.4 验收步骤

检查敷料品种和性能应符合设计,检查材料合格证和船级社检验证书。

检查敷设记录表。注意敷设时甲板温度控制在 5~30 ℃。检查敷料的配比要符合材料工艺说明要求。多层敷料敷设要满足敷料敷设间隔期要求,一般 1~2 周。底层敷料、面层敷料敷设干燥后,其表面不得出现龟裂。

观感质量检查:敷料外观平面应光洁、平整、无划痕及沙粒。无明显开裂、不平、粉化等缺陷。敷料表面应无泥板印痕、浮胶等缺陷。

现场量测:用 2 m 水平尺和坡度尺检查敷料敷设的平整度,如图 6-12 所示,平整度允许最大偏差 3 mm。

图 6-12 敷料敷设的平整度

填写项目验收评定表。

任务 6.7 橡胶地板、橡塑地板铺设工艺验收

6.7.1 橡胶地板、橡塑地板的铺设质量检查和验收基本要求

(1)橡塑地板(PVC)与橡胶地板所用的块材和卷材的品种、规格、颜色等级应符合设计要求及相关标准的有关规定。

(2)检查地板船级社证书、使用说明书、产品合格证书。

6.7.2 橡胶地板、橡塑地板材料的基本性能

(1)PVC 地板、橡胶地板的性能要求应按《船用阻燃橡胶地板》(CB/T 3951—2002)中 4.3 的规定。

(2)PVC 地板材料的基本性能。

6.7.3　敷设工艺要求

(1)敷设应在甲板敷料干透后进行,并注意冬季和夏季施工的预留缝隙。

(2)粘贴前的敷料表面应平整、清洁、无油污。

(3)地板面层与下层的敷料黏结应牢固、表面无明显凹凸,地板无气泡、不翘边、不脱胶、无溢胶。

(4)橡胶地板与 PVC 地板表面应洁净、图案清晰、色泽一致、接缝严密、焊边平整、顺直美观。拼缝处的图案、花纹吻合、无胶痕,与墙边交接严密,阴阳角收边方正。

(5)镶边用料尺寸应准确、边角整齐、拼缝严、接缝顺直。

(6)橡胶地板与 PVC 地板的敷设应连续无间断点,在四周围壁处,应留有 3~5 mm 间隙,此间隙将被踢脚板遮盖。

(7)橡胶地板与 PVC 地板表面需焊接的接缝处,其焊缝应平直、无扭曲、无变形、无明显凹凸。

(8)橡胶地板与 PVC 地板评定项目、允许偏差应符合下表 6-19 规定。

表 6-19　橡胶与 PVC 地板敷设验收标准

评定项目		允许偏差
橡胶与 PVC 地板	板面缝隙宽度	≤0.5
	表面平整度	≤2.0
	踢脚线上口平齐	≤2.0
	板面拼缝平直度	≤2.5
	相邻板材高低差	≤0.5
	踢脚线与面层的接缝	≤2.0

6.7.4　验收步骤

(1)检查橡胶地板、PVC 地板和胶黏剂材料品牌、性能、生产厂家,检查材料合格证和船级社检验证书。铺设的方法应符合图纸敷设工艺和产品说明书的要求。

(2)检查地板敷设生产记录。注意敷贴时舱内相对湿度不大于 70%,温度控制在 10~30 ℃。

(3)观感质量检查:地板表面无裂纹、气孔、气眼等缺陷。地板无明显凹凸,无气泡、不翘边、不脱胶、无溢胶。图案清晰、色泽一致,拼缝处的图案、花纹吻合。拼缝处的焊缝颜色应与地板同色或无明显差异,焊缝铲平后不能有高低现象出现。

(4)现场量测:

①用 2 m 水平尺和坡度尺验收橡胶地板、PVC 地板平整度,如图 6-13 所示,表面平整度偏差控制在 2 mm 内。

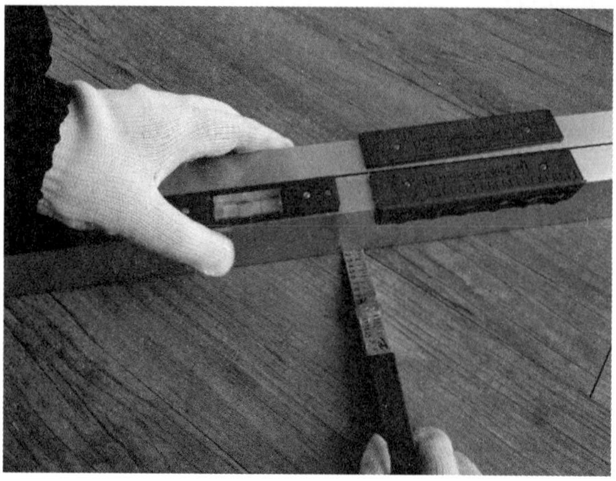

图 6-13　橡胶地板、PVC 地板平整度验收

②拉 5 m 线和钢尺验收踢脚线上口水平,上口水平偏差控制在 2 mm 内。拉 5 m 线和钢尺验收拼缝平直度,拼缝平直度偏差控制在 2.5 mm 内。

③用钢尺验收板面缝隙宽度,如图 6-14 所示,缝隙宽度偏差控制在 0.5 mm 内。

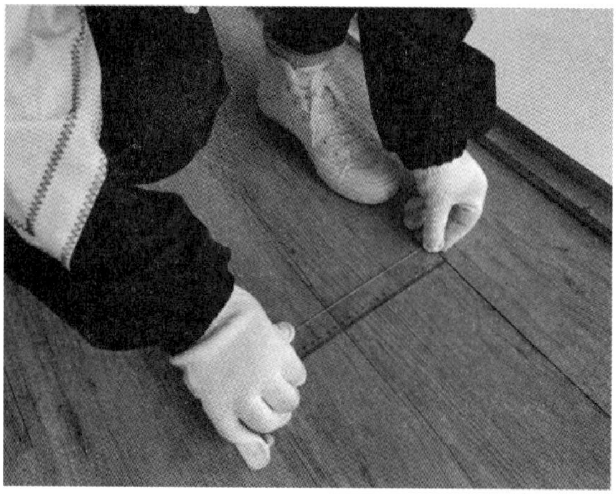

图 6-14　板面缝隙宽度验收

④用坡度尺验收踢脚线与面层的接缝,接缝控制在 2 mm 内。

(5)填写项目验收评定表。

参 考 文 献

[1] 杨敏,王璟. 船舶美学与舱室设计[M]. 北京:科学出版社,2021.
[2] 杨文林. 船舶美学[M]. 哈尔滨:哈尔滨工程大学出版社,2014.
[3] 于建中. 船艇美学与内装设计[M]. 上海:上海交通大学出版社,2011.
[4] 蒋志勇. 船舶造型与舱室设计[M]. 哈尔滨:哈尔滨工程大学出版社,2003.
[5] 孙庭秀. 舱室设计与工艺[M]. 哈尔滨:哈尔滨工程大学出版社,2011.
[6] 中国船舶工业总公司. 船舶设计实用手册:舾装分册[M]. 北京:国防工业出版社,2002.
[7] 魏莉洁. 船舶与制图[M]. 北京:人民交通出版社,2002.